The Japan Accounting and Financial Analysis Examination

ビジネス会計検定試験®

公式過去問題集

第5版

2級

大阪商工会議所 [編]

中央経済社

ビジネス会計検定試験®は，大阪商工会議所の登録商標です。以下，本書では®マークを省略します。

本書に記載されている解答および解説は，「ビジネス会計検定試験公式テキスト2級〔第5版〕」（大阪商工会議所編）にもとづいて作成されています。

ま　え　が　き

　近年，損益計算書や貸借対照表などの財務諸表を理解できる能力（会計リテラシー）の重要性が高まっています。企業活動がグローバル化，複雑化，多様化するなかで，ビジネスパーソンとして自社や取引先などの経営実態を正しくタイムリーに把握することが必要不可欠になってきたためです。

　また一般の方々も新聞の経済記事を読まれる場合や株式投資をされる場合など，さまざまな場面で会計の知識が必要となっています。

　大阪商工会議所では，こうした時代の要請に応えて，実社会で役に立つ財務諸表に関する知識や分析力を問う「ビジネス会計検定試験」を2007年（平成19年）から全国で実施しています。

　ビジネス会計検定試験は，企業の財務諸表に関する会計基準と諸法令，財務諸表の構造と情報特性，財務諸表が表す企業の財政状態，経営成績，キャッシュ・フローの状況などを判断する能力を評価するものです。

　2級では有価証券報告書の連結財務諸表に記載されている項目と計算構造や，より応用的な分析までを学習の範囲として，企業の経営戦略や事業戦略を確実に理解できるようになることをめざしています。

　2級過去問題集［第4版］は2018年9月に発行し，第22回までの問題を収録しておりますが，このたび，第23回から第28回の問題を中心に収録しなおし，発行することにいたしました。

　本問題集では，これまでの主要な2級試験問題を公式テキストの章（テーマ）に沿って収録しています。解説のなかでテキストでの関連事項記載箇所を表示するなど，受験者にとって「わかりやすい」工夫をしています。反復して問題を解き，テキストで確認し，知識を確実なものにしていただきたいと思っています。

　また，受験者からの「（解答時間を測定するために）1回分の試験問題を掲載してほしい」というニーズにお応えして，第24回・第28回の試験問題については全問題を試験出題形式で掲載していますので，検定試験直前対策としてご活用ください。

　公式テキストや本問題集によるビジネス会計検定試験の学習を通じて，一人でも多くの方が会計や財務分析に関心をもち，ビジネスの場はもとより，日常生活のなかで会計情報を活用していただくことを願っています。

2021年9月

大阪商工会議所

本書の利用方法

　第27回検定試験までの主要な問題を公式テキスト2級〔第5版〕（編：大阪商工会議所，発行：株式会社中央経済社）の項目順に掲載し，第24回・第28回検定試験を試験出題形式のまま収録しています。

　各問題とも公式テキストの参照箇所を記載。また，おおよその難易度を★印の数で示しています。公式テキストで身につけた知識を，試験に向けて確認することができます。

　なお，一部の試験問題については，会計基準の改正などにあわせて出題事項を改題しています。金額単位については，解答上，特に留意が必要な問題を除き，省略しています。

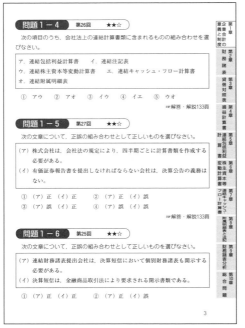

目　　次

まえがき
本書の利用方法

第1章　企業会計の意義と制度 ………………………… 1

1　企業会計の制度　1

第2章　財務諸表 ………………………………………… 5

1　財務諸表の種類　5
2　連結の範囲　6
3　連結財務諸表の作成方法　7
4　連結財務諸表に特有の項目　8

第3章　貸借対照表 ……………………………………… 11

1　資産とは　11
2　負債とは　15
3　純資産とは　18

第4章 損益計算書 ……………………………………… 21

　　1　連結損益計算書とは　21
　　2　損益計算書のルール　22
　　3　売上総利益の計算　22
　　4　営業利益の計算　24
　　5　経常利益の計算　25
　　6　税金等調整前当期純利益の計算　26
　　7　当期純利益と親会社に帰属する当期純利益の計算　27

第5章 連結包括利益計算書 ………………………… 29

　　1　包括利益の概念　29
　　2　連結包括利益計算書の様式　31

第6章 株主資本等変動計算書 …………………… 33

　　1　連結環として働く株主資本等変動計算書　33
　　2　区分と記載内容　34

第7章 連結キャッシュ・フロー計算書 ……………… 37

1 キャッシュの範囲　37
2 キャッシュ・フロー計算書の表示方法　38
3 営業活動によるキャッシュ・フロー　39
4 投資活動によるキャッシュ・フロー　40
5 財務活動によるキャッシュ・フロー　41
6 キャッシュ・フロー循環　41

第8章 附属明細表と注記 ……………………………… 43

1 附属明細表の種類と様式　43
2 具体的な注記事項　44

第9章 財務諸表分析 …………………………………… 47

1 基本分析－百分比財務諸表と時系列分析　47
2 安全性の分析　48
3 収益性の分析　50
4 キャッシュ・フローの分析　52
5 セグメント情報の分析　53
6 損益分岐点分析－企業の採算性を探る　54
7 1株当たり分析－株式投資の視点　55
8 1人当たり分析　57

第10章 総合問題 …………………………………………………… 59

解答・解説 133

◇ビジネス会計検定試験　第24回２級［問題］　169
◇ビジネス会計検定試験　第28回２級［問題］　195
◇ビジネス会計検定試験　第24回２級［解答・解説］　223
◇ビジネス会計検定試験　第28回２級［解答・解説］　231

◆２級で対象となる主要指標　241
◆ビジネス会計検定試験のご案内　245
◆ビジネス会計検定試験　検定委員会　249

第1章

企業会計の意義と制度

1 企業会計の制度

問題1－1 第23回 ★★★

次の項目のうち，有価証券報告書に記載しなくてよいものを選びなさい。

ア．主要な経営指標等の推移　　イ．株式等の状況　　ウ．配当政策

エ．連結業績予想　　オ．コーポレート・ガバナンスの状況

① ア　　② イ　　③ ウ　　④ エ　　⑤ オ

☞解答・解説133頁

問題1－2　　第17回　　★★☆

金融商品取引法に関する次の文章のうち，正しいものの個数を選びなさい。

> ア．発行市場における主な開示書類には，内閣総理大臣に提出する有価証券届出書と，投資者に直接交付する目論見書がある。
>
> イ．有価証券報告書及び内部統制報告書は事業年度終了後2カ月以内に，四半期報告書は原則として各四半期終了後30日以内に提出しなければならない。
>
> ウ．有価証券届出書，有価証券報告書には財務諸表が含まれるが，目論見書には財務諸表は含まれない。
>
> エ．四半期連結財務諸表を開示する場合には，四半期財務諸表を開示する必要はない。

① 1つ　　② 2つ　　③ 3つ　　④ 4つ　　⑤ なし

☞解答・解説133頁

問題1－3　　第20回　　★★☆

次の項目のうち，金融商品取引法により開示が要求されるものの個数を選びなさい。

> ア．連結包括利益計算書　　イ．連結株主資本等変動計算書
>
> ウ．連結注記表　　エ．連結貸借対照表
>
> オ．連結キャッシュ・フロー計算書

① 1つ　　② 2つ　　③ 3つ　　④ 4つ　　⑤ 5つ

☞解答・解説133頁

問題1-4　第26回　★★☆

次の項目のうち，会社法上の連結計算書類に含まれるものの組み合わせを選びなさい。

ア．連結包括利益計算書　　イ．連結注記表

ウ．連結株主資本等変動計算書　　エ．連結キャッシュ・フロー計算書

オ．連結附属明細表

---

① アウ　　② アオ　　③ イウ　　④ イエ　　⑤ ウオ

☞解答・解説133頁

問題1-5　第27回　★★☆

次の文章について，正誤の組み合わせとして正しいものを選びなさい。

（ア）株式会社は，会社法の規定により，四半期ごとに計算書類を作成する必要がある。

（イ）有価証券報告書を提出しなければならない会社は，決算公告の義務はない。

---

① （ア）正　（イ）正　　② （ア）正　（イ）誤

③ （ア）誤　（イ）正　　④ （ア）誤　（イ）誤

☞解答・解説133頁

問題1-6　第25回　★★☆

次の文章について，正誤の組み合わせとして正しいものを選びなさい。

（ア）連結財務諸表提出会社は，決算短信において個別財務諸表も開示する必要がある。

（イ）決算短信は，金融商品取引法により要求される開示書類である。

---

① （ア）正　（イ）正　　② （ア）正　（イ）誤

3

③ （ア）誤　（イ）正　　　④ （ア）誤　（イ）誤

☞解答・解説133頁

第2章 財務諸表

1 財務諸表の種類

問題 2 − 1　第19回　★☆☆

次の文章の空欄（　ア　）と（　イ　）に当てはまる語句の適切な組み合わせを選びなさい。

> 連結財務諸表は，複数の企業で構成されている企業集団を1つの企業であるかのようにみなして（　ア　）が作成する財務諸表である。連結財務諸表に特有の項目には，非支配株主持分や（　イ　）がある。

①　（ア）親会社　　　　　　　（イ）のれん
②　（ア）親会社　　　　　　　（イ）為替換算調整勘定
③　（ア）親会社および子会社　（イ）のれん
④　（ア）親会社および子会社　（イ）為替差益
⑤　（ア）親会社および子会社　（イ）為替換算調整勘定

☞解答・解説133頁

問題2－2 第23回 ★☆☆

次の文章について，正誤の組み合わせとして正しいものを選びなさい。

（ア）第2四半期の四半期連結損益計算書には，第2四半期会計期間の情報が記載され，期首からの累計情報は記載されない。

（イ）親会社は，連結財務諸表と財務諸表を作成する。

① （ア）正 （イ）正　　② （ア）正 （イ）誤
③ （ア）誤 （イ）正　　④ （ア）誤 （イ）誤

☞解答・解説133頁

2　連結の範囲

問題2－3 第25回・改題 ★★☆

次の文章について，正誤の組み合わせとして正しいものを選びなさい。

（ア）P社は，X社の議決権の38％を所有している。また，P社の子会社のC社は，X社の議決権の15％を所有している。なお，X社は更生会社，整理会社，破産会社ではなく，かつ，P社との間には有効な支配従属関係が存在しており，組織の一体性を欠くと認められる会社ではない。このとき，X社はP社の子会社である。

（イ）P社はY社の議決権の16％を実質的に所有しており，その所有は一時的なものとは認められない。また，P社はY社に対して，財務および営業の方針決定に重要な影響を与える契約を結んでいる。なお，Y社は，更生会社，整理会社，破産会社ではない。このとき，Y社はP社の関連会社である。

① （ア）正 （イ）正　　② （ア）正 （イ）誤
③ （ア）誤 （イ）正　　④ （ア）誤 （イ）誤

☞解答・解説133頁

6

問題2－4　第21回　★☆☆

次の文章のうち，P社の子会社に該当するものの適切な組み合わせを選びなさい。なお，議決権の所有は一時的なものではなく，文章に記載されている以外に，他の会社の支配に影響を及ぼす事実は存在しない。

ア．P社が議決権の40％を所有しており，また，P社の取締役が，取締役会の構成員の過半数を占めている会社

イ．P社の子会社が，議決権の30％を所有している会社

ウ．P社が議決権の35％を所有しており，また，P社の子会社が議決権の5％を所有している会社

エ．P社が議決権の45％を所有しており，また，議決権を行使しない株主が12％存在する会社

オ．P社が議決権の15％を所有しており，また，P社が資金の貸付を行っている会社

① アウ　　② アエ　　③ イウ　　④ イオ　　⑤ エオ

☞解答・解説133頁

3　連結財務諸表の作成方法

問題2－5　第27回　★★☆

次の文章について，正誤の組み合わせとして正しいものを選びなさい。

（ア）親会社から連結子会社に対する売上高は，連結損益計算書に計上される。

（イ）関連会社がなければ，連結財務諸表に持分法による投資損益は計上されない。

①　（ア）正　（イ）正　　　②　（ア）正　（イ）誤

7

③　（ア）誤　（イ）正　　　④　（ア）誤　（イ）誤

☞解答・解説134頁

問題２－６　　第25回　　★☆☆

次の文章の空欄（　ア　）と（　イ　）に当てはまる語句と数値の適切な組み合わせを選びなさい。

A社はB社の発行済株式数の60％を所有しているが，重要性が乏しいとして非連結子会社とし，持分法を適用している。X1年度のB社の当期純利益は150百万円であった。このとき，A社の連結損益計算書において，（　ア　）を（　イ　）百万円計上する処理が必要となる。

① （ア）持分法による投資利益　　　　　　（イ）60
② （ア）持分法による投資利益　　　　　　（イ）90
③ （ア）非支配株主に帰属する当期純利益　（イ）60
④ （ア）非支配株主に帰属する当期純利益　（イ）90
⑤ （ア）親会社株主に帰属する当期純利益　（イ）60

☞解答・解説134頁

4　連結財務諸表に特有の項目

問題２－７　　第23回・改題　　★★☆

次の項目のうち，連結財務諸表に特有のものの個数を選びなさい。

当期純利益　　為替換算調整勘定　　配当金の支払額　　子会社株式
非支配株主持分

①　1つ　　②　2つ　　③　3つ　　④　4つ　　⑤　5つ

☞解答・解説134頁

8

問題 2 - 8　第21回　★★☆

連結財務諸表に関する次の文章について，正誤の組み合わせとして正しいものを選びなさい。

（ア）親会社の子会社に対する投資と，これに対応する子会社の資本は相殺消去される。

（イ）為替換算調整勘定は，連結財務諸表に特有の項目である。

① （ア）正　（イ）正　　② （ア）正　（イ）誤

③ （ア）誤　（イ）正　　④ （ア）誤　（イ）誤

☞解答・解説134頁

第3章

貸借対照表

1 資産とは

問題3−1 　第26回　★★☆

次の文章について，正誤の組み合わせとして正しいものを選びなさい。

（ア）資産の現在の売価から見積追加製造原価および見積販売直接経費を控除した額を，正味売却価額という。

（イ）同一の資産を現時点で再取得する場合に必要な支出を，現在価値という。

① （ア）正 （イ）正　　② （ア）正 （イ）誤
③ （ア）誤 （イ）正　　④ （ア）誤 （イ）誤

☞解答・解説134頁

問題3−2 　第20回　★★☆

次の文章の空欄（ ア ）と（ イ ）に当てはまる語句と数値の適切な組み合わせを選びなさい。

資産の利用から得られる将来キャッシュ・フローの見積額を，ある割引率で測定時点まで割り引いた額を（ ア ）という。割引率を4%とすると，2年後に得られる10,000円の（ ア ）は（ イ ）円となる。

① （ア）現在価値 　　　　（イ）　9,246

② （ア）現在価値 　　　　（イ）　10,816

③ （ア）正味実現可能価額 （イ）　9,246

④ （ア）正味実現可能価額 （イ）　10,816

☞解答・解説134頁

問題3－3　第27回　★★☆

次の文章について，正誤の組み合わせとして正しいものを選びなさい。

（ア）ファイナンス・リース取引とは，リース契約期間中の契約解除が不可能であり，借手がリース資産の使用に伴う経済的利益を享受し，コストを負担するものをいう。

（イ）ファイナンス・リース取引の借手の貸借対照表には，リース債務のみが計上される。

① （ア）正　（イ）正　　　② （ア）正　（イ）誤

③ （ア）誤　（イ）正　　　④ （ア）誤　（イ）誤

☞解答・解説134頁

問題3－4　第26回　★★★

次の資料により，（個別）貸借対照表の投資有価証券の金額を計算し，正しい数値を選びなさい。なお，満期保有目的の債券は，貸借対照表日の翌日から起算して１年以内に満期の到来するものではない。

	取得原価	期末時価	当期末償却原価
売買目的有価証券	1,000	1,050	－
子会社株式	800	840	－
満期保有目的の債券	900	950	930
その他有価証券	1,100	1,120	－

① 2,800　　② 2,850　　③ 2,910　　④ 3,800　　⑤ 3,960

☞解答・解説134頁

問題 3 – 5　第25回　★★☆

次の文章について，正誤の組み合わせとして正しいものを選びなさい。

(ア) リース資産は，すべて有形固定資産に計上される。
(イ) リース資産の貸借対照表価額は，時価である。

① (ア) 正　(イ) 正　　② (ア) 正　(イ) 誤
③ (ア) 誤　(イ) 正　　④ (ア) 誤　(イ) 誤

☞解答・解説134頁

問題 3 – 6　第23回　★★★

次の文章について，正誤の組み合わせとして正しいものを選びなさい。

(ア) 棚卸資産の評価基準および評価方法は，連結財務諸表に注記される。
(イ) 棚卸資産の原価配分における移動平均法とは，期首の繰越額と期中の取得価額を期首の棚卸数量と期中の受け入れ数量の合計で割り，単位あたりの平均原価を払出単価とする方法をいう。

① (ア) 正　(イ) 正　　② (ア) 正　(イ) 誤
③ (ア) 誤　(イ) 正　　④ (ア) 誤　(イ) 誤

☞解答・解説134頁

問題 3 – 7　第25回　★★★

次の文章について，正誤の組み合わせとして正しいものを選びなさい。

(ア) 定率法による減価償却費は，(取得原価 − 残存価額) × 償却率で算定される。
(イ) 無形固定資産の償却に際しては，残存価額はゼロとして計算される。

① (ア) 正　(イ) 正　　② (ア) 正　(イ) 誤
③ (ア) 誤　(イ) 正　　④ (ア) 誤　(イ) 誤

☞解答・解説135頁

問題3-8　第20回　★★☆

次の文章の空欄（　ア　）と（　イ　）に当てはまる語句の適切な組み合わせを選びなさい。

固定資産の減損損失を認識する場合，その簿価を（　ア　）まで減額する。この（　ア　）は正味売却価額と使用価値のうちのいずれか（　イ　）金額とする。

① （ア）再調達原価　　（イ）高い
② （ア）再調達原価　　（イ）低い
③ （ア）回収可能価額　（イ）高い
④ （ア）回収可能価額　（イ）低い

☞解答・解説135頁

問題3-9　第27回　★★★

次の文章について，正誤の組み合わせとして正しいものを選びなさい。

（ア）貸借対照表の固定資産の部は，有形固定資産，無形固定資産および投資その他の資産からなる。
（イ）「民間資金等の活用による公共施設等の整備等の促進に関する法律」にもとづいて対価を支払って取得した公共施設の管理運営の権利は，投資その他の資産に含まれる。

① （ア）正　（イ）正　　　② （ア）正　（イ）誤
③ （ア）誤　（イ）正　　　④ （ア）誤　（イ）誤

☞解答・解説135頁

14

問題3−10　第20回　★★☆

次の項目のうち，繰延資産として計上することができるものの個数を選びなさい。

ア．社債に対して支払う利息

イ．株式募集のための広告費

ウ．開業準備のために支出した費用

エ．新技術採用のために支出した費用

オ．自社利用を目的としたソフトウェアの制作費

---

①　1つ　　②　2つ　　③　3つ　　④　4つ　　⑤　5つ

☞解答・解説135頁

2　負債とは

問題3−11　第25回　★★☆

次の文章の空欄（　ア　）と（　イ　）に当てはまる数値と語句の適切な組み合わせを選びなさい。

X3年3月31日に満期が到来する社債（券面額800百万円）を，X1年4月1日に760百万円で発行した場合，X2年3月31日の決算日における貸借対照表価額は（　ア　）百万円であり，発行価額との差額は（　イ　）として計上される。なお，差額の処理は償却原価法（定額法）によるものとする。

---

①　（ア）760　（イ）社債利息　　　②　（ア）760　（イ）受取利息

③　（ア）780　（イ）社債利息　　　④　（ア）780　（イ）受取利息

⑤　（ア）800　（イ）社債利息

☞解答・解説135頁

15

問題 3 −12　第23回　★★☆

次の文章の空欄（　ア　）から（　ウ　）に当てはまる語句の適切な組み合わせを選びなさい。

引当金とは，適正な期間損益計算を目的として，以下の要件を満たす場合に計上されるものである。その要件とは（a）将来の特定の費用または損失であること，（b）その費用または損失の発生が（　ア　）の事象に起因すること，（c）その費用または損失の発生の可能性が高いこと，（d）その金額を合理的に見積もることが可能であること，である。

引当金は，工事補償引当金のように，将来の経済的負担を見積計上した（　イ　）と，貸倒引当金のように，将来の資産の減少を見積計上した（　ウ　）に分類される。

① （ア）将来　　　（イ）評価性引当金　（ウ）負債性引当金
② （ア）将来　　　（イ）負債性引当金　（ウ）評価性引当金
③ （ア）前期以前　（イ）評価性引当金　（ウ）負債性引当金
④ （ア）当期以前　（イ）評価性引当金　（ウ）負債性引当金
⑤ （ア）当期以前　（イ）負債性引当金　（ウ）評価性引当金

☞解答・解説135頁

問題 3 −13　第23回　★★☆

次の文章について，正誤の組み合わせとして正しいものを選びなさい。

（ア）リース債務は，リース物件の借手の貸借対照表に計上される。
（イ）資産除去債務の貸借対照表価額は，該当する資産の取得原価である。

① （ア）正（イ）正　　② （ア）正（イ）誤
③ （ア）誤（イ）正　　④ （ア）誤（イ）誤

☞解答・解説135頁

問題 3－14　第22回　★★☆

次の文章の空欄（　ア　）と（　イ　）に当てはまる語句の適切な組み合わせを選びなさい。

退職給付に係る負債は，退職給付債務から（　ア　）を控除した額をいう。退職給付債務は，退職後に支払われる退職給付の総額のうち，期末までに発生していると認められる額を（　イ　）に割り引くことにより計算される。

① （ア）年金資産　　　（イ）現在価値
② （ア）年金資産　　　（イ）正味実現可能価額
③ （ア）過去勤務費用　（イ）現在価値
④ （ア）過去勤務費用　（イ）正味実現可能価額

☞解答・解説135頁

問題 3－15　第25回　★☆☆

次の項目のうち，有利子負債に該当しないものの適切な組み合わせを選びなさい。

ア．買掛金　　イ．新株予約権付社債　　ウ．未払法人税等
エ．リース債務　　オ．コマーシャル・ペーパー

① アウ　　② アオ　　③ イエ　　④ イオ　　⑤ ウエ

☞解答・解説135頁

17

3　純資産とは

問題 3 −16　第18回　★☆☆

　次の文章の空欄（　ア　）と（　イ　）に当てはまる語句の適切な組み合わせを選びなさい。

> 　株主となるものから払込みを受けた金額のうち（　ア　）を超えない額は，資本金に組み入れず，（　イ　）とすることができる。

①　（ア）２分の１　（イ）資本準備金
②　（ア）２分の１　（イ）その他資本剰余金
③　（ア）３分の１　（イ）資本準備金
④　（ア）３分の１　（イ）その他資本剰余金

☞解答・解説135頁

問題 3 −17　第26回　★★★

　次の文章について，正誤の組み合わせとして正しいものを選びなさい。

> （ア）連結貸借対照表上，任意積立金は利益準備金に含まれる。
> （イ）自己株式をその取得価額以上の金額で処分した場合に生じる差額は，連結損益計算書の特別利益に計上される。

①　（ア）正　（イ）正　　　②　（ア）正　（イ）誤
③　（ア）誤　（イ）正　　　④　（ア）誤　（イ）誤

☞解答・解説135頁

問題 3 －18 第27回 ★★☆

次の文章の空欄（ ア ）と（ イ ）に当てはまる語句の適切な組み合わせを選びなさい。

自己株式の貸借対照表価額は（ ア ）であり，自己株式を処分した際に生じた処分差益は（ イ ）に含まれる。

① （ア）期末時の時価　　（イ）その他資本剰余金
② （ア）期末時の時価　　（イ）その他利益剰余金
③ （ア）取得に要した金額　（イ）その他資本剰余金
④ （ア）取得に要した金額　（イ）その他利益剰余金

☞解答・解説135頁

問題 3 －19 第27回 ★★☆

次の文章について，正誤の組み合わせとして正しいものを選びなさい。

（ア）新株予約権は，株主資本の控除項目として表示される。
（イ）繰延ヘッジ損益は，連結損益計算書には計上されない。

① （ア）正 （イ）正　　② （ア）正 （イ）誤
③ （ア）誤 （イ）正　　④ （ア）誤 （イ）誤

☞解答・解説135頁

第4章

損益計算書

1　連結損益計算書とは

問題4－1　第23回　★☆☆

次の文章について，正誤の組み合わせとして正しいものを選びなさい。

（ア）損益計算書では，収益と費用の各項目は総額によって記載することを原則とし，収益と費用の各項目を直接に相殺することによってその全部または一部を損益計算書から除去してはならない。

（イ）連結損益計算書とは，一会計期間における企業集団の経営成績を示す計算書である。

①　（ア）正　（イ）正　　②　（ア）正　（イ）誤
③　（ア）誤　（イ）正　　④　（ア）誤　（イ）誤

☞解答・解説136頁

2 損益計算書のルール

問題 4－2 第27回 ★★☆

次の文章について，正誤の組み合わせとして正しいものを選びなさい。

> （ア）発生主義の原則とは，商品等の販売または役務の給付によって対価の
>   受取りが確実になった時点で収益を計上することをいう。
> （イ）総額主義の原則では，事業の規模が小さい場合には，収益と費用を相
>   殺して差額だけを記載することができる。

① （ア）正 （イ）正　　　② （ア）正 （イ）誤
③ （ア）誤 （イ）正　　　④ （ア）誤 （イ）誤

☞解答・解説136頁

3 売上総利益の計算

問題 4－3 第23回・改題 ★★★

次の文章について，正誤の組み合わせとして正しいものを選びなさい。

> （ア）製造原価明細書は，連結財務諸表ではなく，（個別）財務諸表に添付す
>   る必要がある。ただし，連結財務諸表でセグメント情報を注記してい
>   れば，添付は不要である。
> （イ）製造原価明細書では，材料費，労務費，経費の合計が当期総製造費用
>   となる。

① （ア）正 （イ）正　　　② （ア）正 （イ）誤
③ （ア）誤 （イ）正　　　④ （ア）誤 （イ）誤

☞解答・解説136頁

22

問題 4 − 4　第27回　★★☆

次の資料により，売上総利益の金額を計算し，正しい数値を選びなさい。

仕掛品期首棚卸高　3,400	製品期末棚卸高　4,200		
仕掛品期末棚卸高　3,600	製品期首棚卸高　4,600	材料費　8,300	
販売費及び一般管理費　2,900	労務費　7,700	売上高　28,000	
経費　5,100			

①　2,800　　②　3,800　　③　6,300　　④　6,700　　⑤　6,900

☞解答・解説136頁

問題 4 − 5　第26回　★☆☆

次の文章について，正誤の組み合わせとして正しいものを選びなさい。

（ア）製造業における当期製品製造原価は，当期総製造費用に仕掛品期末棚卸高を加算し，そこから仕掛品期首棚卸高を差し引いて求められる。

（イ）損益計算書における当期製品製造原価と製造原価明細書における当期製品製造原価は同額である。

①　（ア）正　（イ）正　　②　（ア）正　（イ）誤
③　（ア）誤　（イ）正　　④　（ア）誤　（イ）誤

☞解答・解説136頁

23

4　営業利益の計算

問題 4 − 6　第23回　★☆☆

次の文章のうち，販売費及び一般管理費に該当するものの適切な組み合わせを選びなさい。

ア．期日前に売掛金を回収した時の売上代金の割引額

イ．のれんの償却額

ウ．手形割引時に差し引かれる金利相当分

エ．本社建物の賃借料

オ．研究にかかる費用

① アイウ　　② アウオ　　③ アエオ　　④ イウエ　　⑤ イエオ

☞解答・解説136頁

問題 4 − 7　第21回　★★☆

次の資料により，営業利益の金額を計算し，正しい数値を選びなさい。（金額単位：省略）

売上高　40,000　　持分法による投資損失　2,000　　給料　6,000

広告宣伝費　3,000　　商品期首棚卸高　1,500　　受取利息　2,000

当期商品仕入高　20,000　　商品期末棚卸高　2,500　　売上割引　3,000

為替差益　1,000　　減価償却費　3,000　　賞与　2,000

① 4,000　　② 5,000　　③ 7,000　　④ 8,000　　⑤ 10,000

☞解答・解説136頁

24

5　経常利益の計算

問題 4 － 8　　第25回　　★☆☆

次の文章のうち，経常利益の説明に該当するものを選びなさい。

① 企業が本業により稼得した利益。

② 一会計期間中に企業が稼得したすべての収益から，一会計期間中に発生した費用や税金のすべてを差し引いた後の利益。

③ 企業が本業で扱う商品・サービスや製品を販売することによって得られる利益。

④ 企業の本業による利益に，財務活動などの本業以外で継続的に生じる収益および費用を加減した利益。

☞解答・解説136頁

問題 4 － 9　　第20回　　★☆☆

次の文章について，正誤の組み合わせとして正しいものを選びなさい。

（ア）外貨建債権について為替レートの変動により生じる利益は，特別利益に該当する。

（イ）貸付金から生じる利息は，営業外収益に該当する。

① （ア）正　（イ）正　　② （ア）正　（イ）誤

③ （ア）誤　（イ）正　　④ （ア）誤　（イ）誤

☞解答・解説136頁

25

問題 4 −10　第26回　★★☆

次の項目のうち，営業外費用に該当するものの個数を選びなさい。

ア．有形固定資産の使用に伴う価値の減少を認識して費用として処理した額
イ．非連結子会社や関連会社に持分法を適用して生じた損失
ウ．決算時に売買目的有価証券の時価が帳簿価額より下落した場合の価値減少額
エ．期中に売買目的有価証券を帳簿価額より低い価額で売却した場合の損失額
オ．固定資産を売却して生じた損失

①　1つ　　②　2つ　　③　3つ　　④　4つ　　⑤　5つ

☞解答・解説137頁

6　税金等調整前当期純利益の計算

問題 4 −11　第27回　★★☆

次の項目のうち，企業の経常的な活動とは直接関係しない臨時的に発生した損失に含まれるものの個数を選びなさい。

ア．収益性の低下によって固定資産の価値が大幅に下落したことによる帳簿価額の減額分
イ．売買目的有価証券の売却によって生じた損失
ウ．会社買収などの際，受け入れた純資産の額より買収額が低い場合のその差額
エ．その他有価証券の売却によって生じた損失
オ．決算時に売買目的有価証券の時価が帳簿価額より下落した場合の価値減少額

① 1つ　　② 2つ　　③ 3つ　　④ 4つ　　⑤ 5つ

☞解答・解説137頁

問題4－12　第15回　★★☆

次の項目のうち，特別損失に含まれるものの個数を選びなさい。

ア．減損損失　　イ．持分法による投資損失　　ウ．固定資産売却損
エ．有価証券評価損　　オ．為替差損

① 1つ　　② 2つ　　③ 3つ　　④ 4つ　　⑤ 5つ

☞解答・解説137頁

7　当期純利益と親会社に帰属する当期純利益の計算

問題4－13　第21回　★☆☆

次の文章について，正誤の組み合わせとして正しいものを選びなさい。

（ア）会計上の税額と税法上の課税額の差額を調整するのが，税効果会計である。
（イ）法人税等調整額は，会計上の税額と税法上の課税額の差額を調整するための項目である。

① （ア）正　（イ）正　　② （ア）正　（イ）誤
③ （ア）誤　（イ）正　　④ （ア）誤　（イ）誤

☞解答・解説137頁

問題 4 －14　　第25回　　★★☆

次の資料により，税金等調整前当期純利益の金額を計算し，正しい数値を選びなさい。（金額単位：省略）

総資産　20,000	受取利息　120	負ののれん発生益　30
有価証券売却損　20	持分法による投資損失　50	減損損失　20
投資有価証券評価損　160	その他有価証券評価差額金　20	
総資産経常利益率　8.2%		

①　1,460　　②　1,490　　③　1,540　　④　1,640　　⑤　1,650

☞解答・解説137頁

問題 4 －15　　第27回　　★★★

次の文章について，正誤の組み合わせとして正しいものを選びなさい。

（ア）会計上の減価償却費が税法上の減価償却費を上回る場合，税効果会計を適用すると，繰延税金資産が計上される。

（イ）損益計算書において法人税等調整額がマイナス値で表記されている場合，会計上，将来に支払うべき税金を先払いしているといえる。

①　（ア）正　（イ）正　　　②　（ア）正　（イ）誤

③　（ア）誤　（イ）正　　　④　（ア）誤　（イ）誤

☞解答・解説137頁

第5章

連結包括利益計算書

1 包括利益の概念

問題5-1　第25回　★★★

次の文章について，正誤の組み合わせとして正しいものを選びなさい。

（ア）連結包括利益計算書における包括利益とは，連結グループの特定期間の純資産の変動額のうち，親会社株主，新株予約権の所有者および子会社の非支配株主との資本取引を除いた部分をいう。

（イ）在外子会社等の為替換算により発生する貸借差額は，その他の包括利益に含まれる。

① （ア）正　（イ）正　　② （ア）正　（イ）誤
③ （ア）誤　（イ）正　　④ （ア）誤　（イ）誤

☞解答・解説138頁

問題 5 - 2　第23回・改題　★★☆

次の文章について，正誤の組み合わせとして正しいものを選びなさい。

> （ア）連結包括利益計算書における包括利益は，当期純利益とその他の包括
>   利益から構成される。
> （イ）連結包括利益計算書における包括利益は，親会社株主に帰属する包括
>   利益である。

① （ア）正 （イ）正　　② （ア）正 （イ）誤
③ （ア）誤 （イ）正　　④ （ア）誤 （イ）誤

☞解答・解説138頁

問題 5 - 3　第22回　★★☆

次の項目のうち，連結包括利益計算書におけるその他の包括利益に表示される項目の個数を選びなさい。

> ア．退職給付費用　　イ．投資有価証券評価損
> ウ．持分法適用会社に対する持分相当額　　エ．繰延ヘッジ損益
> オ．非支配株主に帰属する当期純利益

① 1つ　② 2つ　③ 3つ　④ 4つ　⑤ 5つ

☞解答・解説138頁

2　連結包括利益計算書の様式

問題5−4　第20回　★★☆

次の文章について，正誤の組み合わせとして正しいものを選びなさい。

> （ア）連結包括利益計算書では，当期純利益からその他の包括利益を控除して，包括利益が表示される。
>
> （イ）１計算書方式の連結損益及び包括利益計算書では，包括利益の内訳（親会社株主に係る包括利益・非支配株主に係る包括利益）は表示されない。

① （ア）正　（イ）正　　② （ア）正　（イ）誤
③ （ア）誤　（イ）正　　④ （ア）誤　（イ）誤

☞解答・解説138頁

問題5−5　第26回・改題　★☆☆

次の文章について，正誤の組み合わせとして正しいものを選びなさい。

> （ア）連結損益計算書には，非支配株主に帰属する当期純利益は表示されない。
>
> （イ）連結損益及び包括利益計算書では，非支配株主に係る包括利益は内訳として表示される。

① （ア）正　（イ）正　　② （ア）正　（イ）誤
③ （ア）誤　（イ）正　　④ （ア）誤　（イ）誤

☞解答・解説138頁

31

第6章

株主資本等変動計算書

1 連結環として働く株主資本等変動計算書

問題6－1　　第20回　　★☆☆

次の文章について，正誤の組み合わせとして正しいものを選びなさい。

（ア）連結株主資本等変動計算書の各項目の当期末残高と，連結貸借対照表の純資産の部の各項目の当期末残高は一致する。

（イ）連結株主資本等変動計算書では，株主資本の各項目は変動事由ごとにその金額を記載する。

① （ア）正　（イ）正　　② （ア）正　（イ）誤

③ （ア）誤　（イ）正　　④ （ア）誤　（イ）誤

☞解答・解説138頁

2　区分と記載内容

問題6－2　第25回　★★☆

次の文章について，正誤の組み合わせとして正しいものを選びなさい。

（ア）連結株主資本等変動計算書において，非支配株主持分の当期変動額
　　は，純額で表示される。
（イ）連結株主資本等変動計算書において，自己株式の取得および処分は相
　　殺して純額で表示される。

①　（ア）正　（イ）正　　　②　（ア）正　（イ）誤
③　（ア）誤　（イ）正　　　④　（ア）誤　（イ）誤

☞解答・解説138頁

問題6－3　第26回　★★☆

次の項目のうち，連結株主資本等変動計算書における株主資本の各項目の変
動事由に該当するものの個数を選びなさい。

ア．非支配株主に帰属する当期純利益
イ．利益剰余金から資本金への振替　　ウ．新株予約権の発行
エ．自己株式の取得　　オ．新株の発行

①　1つ　　②　2つ　　③　3つ　　④　4つ　　⑤　5つ

☞解答・解説138頁

34

問題 6 − 4　　第27回・改題　　★★★

　次の資料により，連結株主資本等変動計算書における株主資本の当期変動額を計算し，正しい数値を選びなさい。（金額単位：省略）

> 新株予約権の発行　250　　　新株の発行　30　　　自己株式の取得　90
> 剰余金の配当　1,400　　　利益準備金の積立　140
> 非支配株主に帰属する当期純利益　800
> 親会社株主に帰属する当期純利益　3,860
> 非支配株主への配当金の支払い　200

① 2,540　　② 2,720　　③ 2,790　　④ 3,140　　⑤ 3,390

☞解答・解説138頁

第7章

連結キャッシュ・フロー計算書

1 キャッシュの範囲

問題7－1　第25回　★★★

次の項目のうち，キャッシュ・フロー計算書における現金に該当するものの個数を選びなさい。

当座預金　　譲渡性預金　　コマーシャル・ペーパー　　通知預金 定期預金

① なし　　② 1つ　　③ 2つ　　④ 3つ　　⑤ 4つ

☞解答・解説139頁

問題7－2　第27回　★★★

キャッシュ・フロー計算書に関する次の文章について，正誤の組み合わせとして正しいものを選びなさい。

（ア）現金及び現金同等物とは，容易に換金可能であるか，または価値の変 　　　動についてわずかなリスクしか負わない短期の投資をいう。 （イ）普通預金は，現金同等物に含まれる。

① （ア）正　（イ）正　　　② （ア）正　（イ）誤

③ （ア）誤　（イ）正　　　④ （ア）誤　（イ）誤

☞解答・解説139頁

37

2　キャッシュ・フロー計算書の表示方法

問題7－3　第8回　★★

　キャッシュ・フロー計算書における表示に関する次の文章のうち，正しいものの個数を選びなさい。

ア．利息の収入および支出ならびに配当金の収入および支出は，投資活動によるキャッシュ・フローの区分に表示することができる。

イ．利息および配当金の収入は投資活動によるキャッシュ・フローの区分に，利息の支出は財務活動によるキャッシュ・フローの区分に，それぞれ表示することができる。

ウ．利息の収入および支出ならびに配当金の収入は営業活動によるキャッシュ・フローの区分に，配当金の支出は財務活動によるキャッシュ・フローの区分に，それぞれ表示することができる。

エ．法人税等の支出は，営業活動・投資活動・財務活動ごとに生じる課税所得を算定し，それに関連する支出額を活動ごとに按分して表示することもできる。

①　0　　②　1つ　　③　2つ　　④　3つ　　⑤　4つ

☞解答・解説139頁

3 営業活動によるキャッシュ・フロー

問題 7－4　第23回　★★☆

次の資料により，間接法によって表示された営業活動によるキャッシュ・フローの額を計算し，正しい数値を選びなさい。

親会社株主に帰属する当期純利益　1,200	売上債権の増加額　200
減価償却費　600	税金等調整前当期純利益　3,100
法人税等の支払額　1,500	棚卸資産の減少額　300

① 200　② 400　③ 1,100　④ 2,100　⑤ 2,300

☞解答・解説139頁

問題 7－5　第26回　★★☆

連結キャッシュ・フロー計算書に関する次の項目のうち，間接法によって営業活動によるキャッシュ・フローを表示する場合，営業活動によるキャッシュ・フローの区分に表示されるものの個数を選びなさい。

ア．非支配株主に帰属する当期純利益　　イ．持分法による投資利益
ウ．非支配株主に対する配当金の支出　　エ．自己株式処分差益
オ．現金及び現金同等物に係る換算差額

① 1つ　② 2つ　③ 3つ　④ 4つ　⑤ 5つ

☞解答・解説139頁

4　投資活動によるキャッシュ・フロー

問題7－6　第27回　★★☆

次の項目のうち，投資活動によるキャッシュ・フローの区分に表示されるものの個数を選びなさい。

ア．取得日から満期日までの期間が2カ月の定期預金の払戻による収入

イ．貸付けによる支出

ウ．有価証券の売却による収入

エ．普通預金への預け入れによる支出

オ．社債の発行による収入

---

① 　1つ　　② 　2つ　　③ 　3つ　　④ 　4つ　　⑤ 　5つ

☞解答・解説139頁

問題7－7　第23回　★★★

次の文章について，正誤の組み合わせとして正しいものを選びなさい。

（ア）現金同等物の範囲に含まれている有価証券については，当該有価証券の取得および売却によるキャッシュの変動は，投資活動によるキャッシュ・フローに表示される。

（イ）「連結の範囲の変更を伴う子会社株式の売却による収入」は連結キャッシュ・フロー計算書に固有の項目である。

---

① 　（ア）正　（イ）正　　　② 　（ア）正　（イ）誤

③ 　（ア）誤　（イ）正　　　④ 　（ア）誤　（イ）誤

☞解答・解説139頁

5 財務活動によるキャッシュ・フロー

問題7-8 第23回 ★★☆

次の項目のうち，財務活動によるキャッシュ・フローの区分に表示されるものの個数を選びなさい。

ア．貸付けによる支出　　イ．有価証券の売却による収入
ウ．社債の償還による支出　　エ．法人税等の支払額
オ．株式の発行による収入

① 1つ　　② 2つ　　③ 3つ　　④ 4つ　　⑤ 5つ

☞解答・解説139頁

6 キャッシュ・フロー循環

問題7-9 第18回 ★★☆

キャッシュ・フロー計算書に関する次の文章について，正誤の組み合わせとして正しいものを選びなさい。

（ア）営業活動によるキャッシュ・フローの表示方法には直接法と間接法があるが，表示方法によって営業活動によるキャッシュ・フローの金額は異なる。

（イ）営業活動と財務活動によるキャッシュ・フローがそれぞれプラスで，投資活動によるキャッシュ・フローがマイナスの場合，営業活動から生み出したキャッシュを投資活動に投入し，あわせて資金の返済などに充てていると判断できる。

① （ア）正 （イ）正　　　② （ア）正 （イ）誤

41

③ （ア）誤 （イ）正 　　④ （ア）誤 （イ）誤

☞解答・解説139頁

問題 7 － 10　第25回　　★☆☆

次の文章について，正誤の組み合わせとして正しいものを選びなさい。

（ア）営業活動によるキャッシュ・フローと財務活動によるキャッシュ・フローがプラスで，投資活動によるキャッシュ・フローがマイナスの場合，営業活動から生じた資金を投資活動に充当するとともに，資金の返済に充てていると判断できる。

（イ）投資活動によるキャッシュ・フローおよび財務活動によるキャッシュ・フローがマイナスで，営業活動によるキャッシュ・フローがプラスの場合，営業活動による資金の不足を，投資資産の売却および資金の借入れにより補っていると判断できる。

① （ア）正 （イ）正 　　② （ア）正 （イ）誤
③ （ア）誤 （イ）正 　　④ （ア）誤 （イ）誤

☞解答・解説140頁

42

第8章 附属明細表と注記

1 附属明細表の種類と様式

問題8-1 第21回 ★★★

次の附属明細表のうち,連結財務諸表を作成している会社が,連結財務諸表について作成する必要のあるものの個数を選びなさい。

ア.資産除去債務明細表　　イ.有価証券明細表　　ウ.引当金明細表
エ.借入金等明細表　　オ.有形固定資産等明細表

① 1つ　　② 2つ　　③ 3つ　　④ 4つ　　⑤ 5つ

☞解答・解説140頁

2 具体的な注記事項

問題8－2 第26回 ★★☆

次の文章について、正誤の組み合わせとして正しいものを選びなさい。

（ア）新しく設定された会計基準を適用して会計方針を変更した場合は、その変更に関する注記は必要ではない。

（イ）会計方針の変更を行った場合、過年度の財務諸表に遡及適用する必要がある。

---

① （ア）正 （イ）正　　② （ア）正 （イ）誤

③ （ア）誤 （イ）正　　④ （ア）誤 （イ）誤

☞解答・解説140頁

問題8－3 第27回 ★★★

次の項目のうち、会計基準その他の規則の改正等以外の正当な理由による会計方針の変更を行った場合に、注記として記載が求められていないものを選びなさい。

① 会計基準等の名称

② 会計方針の変更を行った正当な理由

③ 財務諸表の主な科目に対する前事業年度における影響額

④ 前事業年度に係る一株当たり情報に対する影響額

⑤ 前事業年度の期首における純資産額に対する累積的影響額

☞解答・解説140頁

問題 8 － 4　　第23回・改題　★★☆

次の項目のうち，過年度の財務諸表に遡って適用する必要がないものを選びなさい。

① 会計上の見積りの変更

② 誤謬の発見による修正再表示

③ 会計基準の改正に伴う会計方針の変更

④ 表示方法の変更

☞解答・解説140頁

第9章 財務諸表分析

1 基本分析－百分比財務諸表と時系列分析

問題9－1　第23回　★★★

次の資料により，税金等調整前当期純利益の金額を計算し，正しい数値を選びなさい。

（金額単位：省略）

売上高　500,000		支払利息　6,000		投資不動産賃貸料　10,000	
固定資産売却益　2,000		負ののれん発生益　2,000		減損損失　2,000	
為替差益　1,000		投資有価証券売却損　1,000		売上高経常利益率　8%	

① 39,000　② 41,000　③ 42,000　④ 43,000　⑤ 46,000

☞解答・解説140頁

2　安全性の分析

問題9－2　第17回　★☆☆

次の文章の空欄（　ア　）から（　ウ　）に当てはまる語句の適切な組み合わせを選びなさい。

> 当座比率は，分子に（　ア　）よりも換金可能性の高い資産のみを利用した（　イ　）の指標であり，その値が（　ウ　）方が望ましい。

①　（ア）流動比率　（イ）安全性　（ウ）小さい
②　（ア）流動比率　（イ）安全性　（ウ）大きい
③　（ア）流動比率　（イ）収益性　（ウ）大きい
④　（ア）固定比率　（イ）安全性　（ウ）大きい
⑤　（ア）固定比率　（イ）収益性　（ウ）小さい

☞解答・解説141頁

問題9－3　第25回　★★☆

次のアからウの文章のうち，正しいものの個数を選びなさい。なお，純資産を自己資本とみなし，繰延資産はない。

> ア．流動比率が100％以下であれば，正味運転資本の金額はプラスとなる。
> イ．自己資本比率が40％の会社の財務レバレッジは，150％である。
> ウ．負債比率50％の会社の自己資本比率は，50％である。

①　1つ　　②　2つ　　③　3つ　　④　なし

☞解答・解説141頁

問題9－4　第13回　★☆☆

次の文章について，正誤の組み合わせとして正しいものを選びなさい。

（ア）固定負債があるとき，固定長期適合率は固定比率より小さい。

（イ）固定比率は，固定資産と固定負債のバランスに注目した指標である。

① （ア）正　（イ）正　　② （ア）正　（イ）誤

③ （ア）誤　（イ）正　　④ （ア）誤　（イ）誤

☞解答・解説141頁

3 収益性の分析

問題9-5　第17回　★☆☆

次の文章について，正誤の組み合わせとして正しいものを選びなさい。

（ア）総資本の金額が同じであれば，売上高を増加させることにより，総資本回転率は高くなる。

（イ）インタレスト・カバレッジ・レシオの値は，1未満となることはない。

① （ア）正　（イ）正　　　② （ア）正　（イ）誤
③ （ア）誤　（イ）正　　　④ （ア）誤　（イ）誤

☞解答・解説141頁

問題9-6　第25回　★★☆

次の文章について，正誤の組み合わせとして正しいものを選びなさい。

（ア）他の数値が同じ場合，売上債権の金額が小さくなると，キャッシュ・コンバージョン・サイクルは小さくなる。

（イ）キャッシュ・コンバージョン・サイクルの値は，マイナスになることはない。

① （ア）正　（イ）正　　　② （ア）正　（イ）誤
③ （ア）誤　（イ）正　　　④ （ア）誤　（イ）誤

☞解答・解説141頁

問題 9 − 7　第18回　★★☆

次の文章の空欄（　ア　）と（　イ　）に当てはまる語句の適切な組み合わせを選びなさい。

> 自己資本比率を高めると，負債比率は（　ア　）し，財務レバレッジは（　イ　）する。

① （ア）上昇 （イ）上昇　　② （ア）上昇 （イ）低下

③ （ア）低下 （イ）上昇　　④ （ア）低下 （イ）低下

☞解答・解説141頁

4　キャッシュ・フローの分析

問題9−8　　第8回　　★★☆

次の資料により，次の文章の空欄（ア）と（イ）に当てはまる数値と語句の適切な組み合わせを選びなさい。

	X1年度	X2年度
営業活動によるキャッシュ・フロー	120,000	80,000
投資活動によるキャッシュ・フロー（※）	△120,000	△90,000
財務活動によるキャッシュ・フロー	△10,000	30,000

（※）投資活動によるキャッシュ・フローの内訳は以下のとおりである。

	X1年度	X2年度
有形固定資産の取得による支出	△130,000	△70,000
有形固定資産の売却による収入	10,000	10,000
投資有価証券の取得による支出	△ 10,000	△40,000
投資有価証券の売却による収入	10,000	10,000

X1年度の設備投資額対キャッシュ・フロー比率は（　　　　）％，X2年度の設備投資額対キャッシュ・フロー比率は（　ア　）％であり，設備投資額対キャッシュ・フロー比率の比較では（　イ　）年度の方が設備投資に積極的な姿勢がうかがえる。

① （ア）　75.0　（イ）X1　　② （ア）　75.0　（イ）X2

③ （ア）　87.5　（イ）X1　　④ （ア）　87.5　（イ）X2

⑤ （ア）112.5　（イ）X2

☞解答・解説142頁

5　セグメント情報の分析

問題9－9　　第22回　　★☆☆

　次の資料により，以下の文章の空欄（　ア　）と（　イ　）に当てはまる数値と語句の適切な組み合わせを選びなさい。

	報告セグメント			合計	調整額	連結財務諸表計上額
	A事業部	B事業部	C事業部			
売上高 外部顧客への売上高	7,000	9,200	10,800	27,000	－	27,000
セグメント間の内部売上高又は振替高	300	450	800	1,550	△1,550	－
計	7,300	9,650	11,600	28,550	△1,550	27,000
セグメント利益	420	460	594	1,474	－	1,474
セグメント資産	3,000	4,800	6,000	13,800	200	14,000

　A事業部のセグメント資産利益率は（　ア　）％であり，他の事業部と比較して収益性が（　イ　）といえる。

① （ア）　3.0　（イ）高い　　② （ア）　3.0　（イ）低い

③ （ア）14.0　（イ）高い　　④ （ア）14.0　（イ）低い

⑤ （ア）28.5　（イ）低い

☞解答・解説142頁

6 損益分岐点分析－企業の採算性を探る

問題9－10 第22回 ★★☆

次の文章について，正誤の組み合わせとして正しいものを選びなさい。

（ア）損益分岐点売上高とは，収益と固定費の金額が一致する売上高である。
（イ）損益分岐点比率が高くなると，経営安全率は低くなる。

① （ア）正 （イ）正 　　② （ア）正 （イ）誤
③ （ア）誤 （イ）正 　　④ （ア）誤 （イ）誤

☞解答・解説142頁

問題9－11 第13回 ★★☆

次の資料により，【問1】から【問4】の設問に答えなさい。なお，損益分岐点は営業利益レベルで算定している。（金額単位：円）

販売数量	300個
販売単価	50円
損益分岐点売上高	9,000円
変動費率	50％

【問1】 営業利益の金額を計算し，正しい数値を選びなさい。

① 1,800 　② 3,000 　③ 3,600 　④ 4,500 　⑤ 6,000

【問2】 損益分岐点比率を計算し，正しい数値を選びなさい。

① 30％ 　② 40％ 　③ 50％ 　④ 60％ 　⑤ 70％

【問3】 販売単価，固定費の金額，および販売数量1個あたりの変動費は変わらずに，販売数量が75個減少したときの営業利益の金額を計算し，正しい数値を選びなさい。

① 750 　② 1,125 　③ 1,500 　④ 1,875 　⑤ 3,750

54

【問4】 販売数量，固定費の金額，および販売数量1個あたりの変動費は変わらずに，販売単価が5円増加したときの営業利益の金額を計算し，正しい数値を選びなさい。

① 750　　② 1,500　　③ 3,000　　④ 3,750　　⑤ 4,500

☞解答・解説142頁

7　1株当たり分析－株式投資の視点

問題9－12　第26回　★★☆

次の文章について，正誤の組み合わせとして正しいものを選びなさい。

（ア）1株当たり純資産額に変動がない場合，期末の1株当たり株価が高いほど株価純資産倍率は大きくなる。

（イ）1株当たり当期純利益は，最低株価の目安とされることがある指標である。

① （ア）正　（イ）正　　② （ア）正　（イ）誤

③ （ア）誤　（イ）正　　④ （ア）誤　（イ）誤

☞解答・解説143頁

問題9－13　第14回・改題　★★☆

次の資料により，（ア）株価収益率と（イ）株価純資産倍率を計算し，正しい数値の組み合わせを選びなさい。

発行済株式数　120百万株　　株価　60円

純資産　9,600百万円　　当期純利益　1,500百万円

① （ア）0.2倍　（イ）0.75倍　　② （ア）0.2倍　（イ）1.33倍

③ （ア）4.8倍　（イ）0.75倍　　④ （ア）4.8倍　（イ）1.33倍

⑤ （ア）25倍　（イ）160倍

☞解答・解説143頁

問題9－14　第27回　★★★

次の資料により，（ア）1株当たりキャッシュ・フローと（イ）株価キャッシュ・フロー倍率の値を計算し，正しい数値の組み合わせを選びなさい。なお，計算にあたって端数が出る場合は，選択肢に示されている数値の桁数に応じて四捨五入するものとする。

営業活動によるキャッシュ・フロー（百万円）	45,600
投資活動によるキャッシュ・フロー（百万円）	△61,900
財務活動によるキャッシュ・フロー（百万円）	37,180
現金及び現金同等物の増減額（百万円）	20,880
発行済株式数（百万株）	2,400
1株当たり株価（円）	1,862

① （ア）　8.7円　（イ）　24.5倍　　② （ア）　8.7円　（イ）214.0倍
③ （ア）19.0円　（イ）　24.5倍　　④ （ア）19.0円　（イ）　98.0倍

☞解答・解説143頁

問題9－15　第27回　★★☆

次の文章について，正誤の組み合わせとして正しいものを選びなさい。

（ア）配当性向は，株価に対する配当額の割合を示す指標である。
（イ）配当性向は，株価収益率の逆数である。

① （ア）正　（イ）正　　　② （ア）正　（イ）誤
③ （ア）誤　（イ）正　　　④ （ア）誤　（イ）誤

☞解答・解説143頁

56

問題 9 −16　第20回　★★★

次の資料により，株式益回りを計算し，正しい数値を選びなさい。

配当金総額　100百万円	1株当たり株価　250円
発行済株式数　10百万株	当期純利益　200百万円
親会社株主に帰属する当期純利益　160百万円	

①　4.0%　　②　6.4%　　③　8.0%　　④　15.6%　　⑤　25.0%

☞解答・解説143頁

8　1人当たり分析

問題 9 −17　第19回　★★☆

次の資料に関する文章の空欄（　ア　）に当てはまる数値を選びなさい。
（金額単位：百万円）

	X1年度	X2年度
流動資産	760	980
固定資産		
有形固定資産	560	（　　　）
無形固定資産	40	30
投資その他の資産	440	490
固定資産合計	1,040	（　　　）
資産合計	1,800	（　　　）
従業員数（人）	40	50

　X2年度の資本集約率がX1年度と同じとすると，X2年度の労働装備率は
（　ア　）百万円になる。

①　15.0　　②　15.6　　③　25.4　　④　44.0　　⑤　45.6

☞解答・解説143頁

57

第10章

総合問題

問題10-1　第26回

　A社に関する〈資料1〉から〈資料4〉により，【問1】から【問16】の設問に答えなさい。分析にあたって，連結貸借対照表数値，発行済株式数，株価および従業員数は期末の数値を用いることとし，純資産を自己資本とみなす。△はマイナスを意味する。なお，計算にあたって端数が出る場合は，選択肢に示されている数値の桁数に応じて四捨五入するものとする。また，連結貸借対照表の現金及び預金と連結キャッシュ・フロー計算書の現金及び現金同等物は等しいものとする。

〈資料1〉連結貸借対照表　　　　　　　　　　　　　　　　（単位：百万円）

	X1年度	X2年度
資産の部		
流動資産		
現金及び預金	38,200	8,700
売掛金	72,100	85,700
商品及び製品	32,600	38,200
仕掛品	12,800	18,900
原材料及び貯蔵品	34,400	33,700
貸倒引当金	△1,700	△2,400
流動資産合計	188,400	182,800
固定資産		
有形固定資産	227,700	287,100
投資その他の資産	88,900	90,100
固定資産合計	316,600	377,200
資産合計	505,000	560,000

59

	X1年度	X2年度
負債の部		
流動負債		
買掛金	126,700	145,900
未払法人税等	6,200	5,900
流動負債合計	132,900	151,800
固定負債		
退職給付に係る負債	15,800	19,900
繰延税金負債	100	200
固定負債合計	15,900	20,100
負債合計	148,800	171,900
純資産の部		
株主資本		
資本金	180,000	180,000
資本剰余金	40,000	40,000
利益剰余金	114,800	145,670
自己株式	△400	△500
株主資本合計	334,400	365,170
その他の包括利益累計額	3,100	2,900
非支配株主持分	18,700	20,030
純資産合計	356,200	388,100
負債純資産合計	505,000	560,000

〈資料2〉 連結損益計算書　　　　　　　　　　　　　　　（単位：百万円）

	X1年度	X2年度
売上高	757,000	804,000
売上原価	328,400	356,300
売上総利益	428,600	447,700
販売費及び一般管理費	385,900	393,100
営業利益	42,700	54,600
営業外収益	470	520
営業外費用	80	10
経常利益	43,090	55,110
特別利益	370	570
特別損失	250	730
税金等調整前当期純利益	43,210	54,950
法人税，住民税及び事業税	18,750	22,500
法人税等調整額	△1,080	△220
法人税等合計	17,670	22,280
当期純利益	25,540	32,670
非支配株主に帰属する当期純利益	1,620	1,700
親会社株主に帰属する当期純利益	23,920	30,970

〈資料3〉 連結キャッシュ・フロー計算書　　　　　　　（単位：百万円）

	X1年度	X2年度
営業活動によるキャッシュ・フロー	33,850	50,540
（うち貸倒引当金の増減額）	（△20）	（ ア ）
（うち棚卸資産の増減額）	（2,000）	（ イ ）
投資活動によるキャッシュ・フロー	△19,900	△73,500
（うち有形固定資産の取得による支出）	（△26,000）	（△81,000）
（うち有形固定資産の売却による収入）	（6,920）	（5,150）
財務活動によるキャッシュ・フロー	△6,820	△6,680
（うち配当金の支払額）	（ ）	（ ウ ）
現金及び現金同等物に係る換算差額	230	140
現金及び現金同等物の増減額	7,360	△29,500
現金及び現金同等物の期首残高	30,840	38,200
現金及び現金同等物の期末残高	38,200	8,700

〈資料 4 〉 その他のデータ

	X1年度	X2年度
発行済株式数（百万株）	400	400
期末株価（円）	1,020	1,260
1株当たり配当額（円）	15	15
従業員数（人）	2,700	2,630

【問1】 〈資料3〉の空欄（ ア ）に当てはまる数値を選びなさい。

① △4,100　② △700　③ 700　④ 2,400　⑤ 4,100

【問2】 〈資料3〉の空欄（ イ ）に当てはまる数値を選びなさい。

① △11,700　② △11,000　③ △4,900　④ 4,900　⑤ 11,000

【問3】 〈資料3〉の空欄（ ウ ）に当てはまる数値を選びなさい。

① △8,250　② △6,000　③ △100　④ 6,000　⑤ 8,250

【問4】 次の文章について，正誤の組み合わせとして正しいものを選びなさい。

（ア）A社グループには，退職給付制度を導入している会社がある。

（イ）A社グループには，製造業を営んでいる会社がある。

① （ア）正 （イ）正　　② （ア）正 （イ）誤

③ （ア）誤 （イ）正　　④ （ア）誤 （イ）誤

【問5】 次の文章について，正誤の組み合わせとして正しいものを選びなさい。

（ア）X2年度の正味運転資本の伸び率は，5%を超えている。

（イ）正味運転資本からみた短期の資金繰りは，X1年度からX2年度にかけて
　　改善したといえる。

① （ア）正 （イ）正　　② （ア）正 （イ）誤

③ （ア）誤 （イ）正　　④ （ア）誤 （イ）誤

【問6】 次の文章の空欄（ ア ）と（ イ ）に当てはまる数値と語句の適切な組み合わせを選びなさい。

X1年度の当座比率は（ ア ）％であり，X1年度の方が短期の支払能力は（ イ ）と判断できる。

① （ア）21.5 （イ）高い　　　② （ア）21.5 （イ）低い
③ （ア）81.7 （イ）高い　　　④ （ア）81.7 （イ）低い

【問7】 次の文章の空欄（ ア ）と（ イ ）に当てはまる数値と語句の適切な組み合わせを選びなさい。

X2年度の自己資本比率は（ ア ）％であり，長期的な安全性はX1年度からX2年度にかけて（ イ ）したといえる。

① （ア） 69.3 （イ）改善　　　② （ア） 69.3 （イ）悪化
③ （ア）225.8 （イ）改善　　　④ （ア）225.8 （イ）悪化

【問8】 次の文章について，正誤の組み合わせとして正しいものを選びなさい。

（ア）仕入債務回転期間からみると，X2年度の方が債務の弁済期間が長いといえる。
（イ）棚卸資産回転率からみると，X2年度の方が在庫管理が効率的に行われているといえる。

① （ア）正 （イ）正　　　② （ア）正 （イ）誤
③ （ア）誤 （イ）正　　　④ （ア）誤 （イ）誤

【問9】 次の文章について，正誤の組み合わせとして正しいものを選びなさい。

（ア）経常利益にもとづくROAは，X1年度，X2年度ともに5％を超えている。
（イ）X2年度の経常利益にもとづくROAがX1年度よりも高いのは，それを構成する総資本回転率ともう1つの要素がともに改善したためである。

① （ア）正 （イ）正　　　② （ア）正 （イ）誤

③ （ア）誤　（イ）正　　④ （ア）誤　（イ）誤

【問10】　次の文章の空欄（　ア　）と（　イ　）に当てはまる数値と語句の適切な組み合わせを選びなさい。

　X1年度の営業キャッシュ・フロー対流動負債比率は（　ア　）％であり，この比率からみると，短期の安全性はX1年度の方が（　イ　）といえる。

① （ア）　25.5　（イ）良い　　② （ア）　25.5　（イ）悪い
③ （ア）392.6　（イ）良い　　④ （ア）392.6　（イ）悪い

【問11】　次の文章について，正誤の組み合わせとして正しいものを選びなさい。

（ア）設備投資額対キャッシュ・フロー比率が長期間にわたり100％を超えている場合は，過剰投資の可能性が懸念される。
（イ）設備投資額対キャッシュ・フロー比率は，X1年度，X2年度ともに100％を超えている。

① （ア）正　（イ）正　　② （ア）正　（イ）誤
③ （ア）誤　（イ）正　　④ （ア）誤　（イ）誤

【問12】　次の文章の空欄（　ア　）と（　イ　）に当てはまる数値と語句の適切な組み合わせを選びなさい。

　X1年度のPERは（　ア　）倍である。同業他社のPERが15.9倍であるとき，A社の株価は，現状の利益水準が続くとすると，同業他社と比較して（　イ　）であると判断できる。

① （ア）　1.1　（イ）割高　　② （ア）　1.1　（イ）割安
③ （ア）17.1　（イ）割高　　④ （ア）17.1　（イ）割安

【問13】 次の文章の空欄（　ア　）と（　イ　）に当てはまる数値と語句の適切な組み合わせを選びなさい。

> X2年度のPBRは（　ア　）倍である。同業他社のPBRが1.8倍であるとき，A社の株価は，現状の1株当たり純資産の水準が続くとすると，同業他社と比較して（　イ　）であるといえる。

① （ア）0.8　（イ）割高　　　② （ア）0.8　（イ）割安
③ （ア）1.3　（イ）割高　　　④ （ア）1.3　（イ）割安

【問14】 次の文章の空欄（　ア　）と（　イ　）に当てはまる数値と語句の適切な組み合わせを選びなさい。

> X2年度の配当性向は（　ア　）％であり，X1年度と比較して（　イ　）くなっている。

① （ア）18.4　（イ）高　　　② （ア）18.4　（イ）低
③ （ア）19.4　（イ）高　　　④ （ア）19.4　（イ）低

【問15】 次の文章の空欄（　ア　）と（　イ　）に当てはまる数値と語句の適切な組み合わせを選びなさい。

> X2年度の配当利回りは（　ア　）％であり，同業他社の配当利回りが1.7％の場合，同業他社と比較して（　イ　）い。

① （ア）1.2　（イ）高　　　② （ア）1.2　（イ）低
③ （ア）6.1　（イ）高　　　④ （ア）6.1　（イ）低

【問16】 次の文章について，正誤の組み合わせとして正しいものを選びなさい。

> （ア）従業員1人当たり売上高からみると，販売面での従業員効率はX1年度の方が高いといえる。
> （イ）労働装備率は，X2年度の方が高い。

① （ア）正　（イ）正　　　② （ア）正　（イ）誤

65

③ （ア）誤 （イ）正　　④ （ア）誤 （イ）誤

☞解答・解説144頁

問題10－2　第27回

　A社とB社に関する〈資料1〉から〈資料5〉により、【問1】から【問
14】の設問に答えなさい。分析にあたって、連結貸借対照表数値、発行済株式
数および株価は期末の数値を用いることとし、純資産を自己資本とみなす。△
はマイナスを意味する。また、計算にあたって端数が出る場合は、小数点以下
第2位を四捨五入するものとする。

〈資料1〉連結貸借対照表　　　　　　　　　　　　　　　　　（単位：百万円）

	A社	B社
資産の部		
流動資産		
現金及び預金	25,500	8,800
受取手形及び売掛金	3,700	600
棚卸資産	5,800	2,700
その他	3,600	1,700
流動資産合計	38,600	13,800
固定資産		
有形固定資産		
建物及び構築物	28,400	14,200
機械装置及び運搬具	1,100	1,200
土地	8,200	9,300
リース資産	4,800	2,100
建設仮勘定	200	100
その他	2,400	1,400
有形固定資産合計	45,100	28,300
無形固定資産		
ソフトウェア	1,500	200
その他	2,300	100
無形固定資産合計	3,800	300

66

投資その他の資産		
投資有価証券	4,300	100
長期前払費用	2,600	500
差入保証金	15,600	12,200
繰延税金資産	1,800	1,000
その他	3,000	1,000
投資その他の資産合計	27,300	14,800
固定資産合計	76,200	43,400
資産合計	114,800	57,200

	A社	B社
負債の部		
流動負債		
支払手形及び買掛金	5,000	1,700
短期借入金	6,100	200
1年内返済予定の長期借入金	7,400	2,900
リース債務	1,000	600
未払法人税等	500	1,500
その他	12,400	5,600
流動負債合計	32,400	12,500
固定負債		
長期借入金	18,000	4,200
リース債務	2,800	1,700
資産除去債務	2,600	800
その他	1,800	800
固定負債合計	25,200	7,500
負債合計	57,600	20,000
純資産の部		
株主資本		
資本金	( )	( )
資本剰余金	( )	( )
利益剰余金	( )	(ア)
自己株式	( )	( )
株主資本合計	( )	( )
その他の包括利益累計額		
その他有価証券評価差額金	50	10
為替換算調整勘定	△2,300	△100
その他の包括利益累計額合計	△2,250	△90
非支配株主持分	250	90
純資産合計	57,200	37,200
負債純資産合計	114,800	57,200

〈資料2〉 連結損益計算書 （単位：百万円）

	A社	B社
売上高	188,700	89,000
売上原価	68,400	28,200
売上総利益	120,300	60,800
販売費及び一般管理費	118,400	56,000
営業利益	1,900	4,800
営業外収益		
受取利息	100	30
受取配当金	200	10
持分法による投資利益	200	270
その他	1,100	290
営業外収益合計	1,600	600
営業外費用		
支払利息	300	80
その他	400	290
営業外費用合計	700	370
経常利益	2,800	5,030
特別利益		
固定資産売却益	1,500	10
その他	－	10
特別利益合計	1,500	20
特別損失		
固定資産売却損	－	20
固定資産除却損	－	30
減損損失	1,400	150
その他	200	50
特別損失合計	1,600	250
税金等調整前当期純利益	2,700	4,800
法人税，住民税及び事業税	1,600	1,900
法人税等調整額	△110	100
法人税等合計	1,490	1,990
当期純利益	1,210	2,810
非支配株主に帰属する当期純利益	10	10
親会社株主に帰属する当期純利益	1,200	2,800

〈資料3〉 連結株主資本等変動計算書（抜粋）　　　　　　　（単位：百万円）

A社

	資本金	資本剰余金	利益剰余金	自己株式	株主資本合計
当期首残高	10,300	11,600	38,100	△690	59,310
当期変動額					
剰余金の配当			△1,300		△1,300
（　　　　　）			（　　　）		（　　　）
自己株式の取得				（　　　）	（　　　）
当期変動額合計	－	－	（　　　）	（　　　）	（　　　）
当期末残高	10,300	11,600	（　　　）	（　　　）	59,200

B社

	資本金	資本剰余金	利益剰余金	自己株式	株主資本合計
当期首残高	6,700	7,000	21,300	△50	34,950
当期変動額					
剰余金の配当			△500		△500
（　　　　　）			（　　　）		（　　　）
自己株式の取得				（　イ　）	（　　　）
当期変動額合計	－	－	（　　　）	（　　　）	（　　　）
当期末残高	6,700	7,000	（　　　）	（　　　）	37,200

〈資料4〉連結キャッシュ・フロー計算書　　　　　　　（単位：百万円）

	A社	B社
営業活動によるキャッシュ・フロー		
（　　　　　　　　　　　　　　　）	（　　　　　）	（　　　　　）
減価償却費	5,900	3,200
受取利息及び受取配当金	（　　　　　）	（　　　　　）
支払利息	（　　　　　）	（　ウ　　　）
持分法による投資損益	△200	△270
固定資産売却損益	（　　　　　）	（　エ　　　）
固定資産除却損	（　　　　　）	（　　　　　）
減損損失	（　　　　　）	（　　　　　）
売上債権の増減額	△300	△50
棚卸資産の増減額	3,000	△350
仕入債務の増減額	△700	50
その他	1,200	1,490
小計	11,500	9,100
利息及び配当金の受取額	400	10
利息の支払額	△200	△70
法人税等の支払額	△1,500	△2,000
営業活動によるキャッシュ・フロー	10,200	7,040
投資活動によるキャッシュ・フロー		
有形固定資産の取得による支出	△7,700	△3,900
有形固定資産の売却による収入	3,000	1,000
差入保証金の差入による支出	△900	△600
差入保証金の回収による収入	600	400
その他	△1,500	△100
投資活動によるキャッシュ・フロー	△6,500	△3,200
財務活動によるキャッシュ・フロー		
短期借入金の純増減額	100	200
長期借入による収入	11,700	－
長期借入金の返済による支出	△8,500	△3,100
リース債務の返済による支出	△1,100	△590
自己株式の取得による支出	△10	△50
配当金の支払額	△1,300	△500
その他	210	－
財務活動によるキャッシュ・フロー	1,100	△4,040
現金及び現金同等物の増減額	4,800	△200
現金及び現金同等物の期首残高	18,200	5,800
現金及び現金同等物の期末残高	23,000	5,600

〈資料5〉 その他のデータ

	A社	B社
発行済株式数（百万株）	64	20
株価（円）	1,300	2,600

【問1】 〈資料1〉の空欄（ ア ）に当てはまる数値を選びなさい。

① 20,600　② 23,600　③ 25,600　④ 28,900

【問2】 〈資料3〉の空欄（ イ ）に当てはまる数値を選びなさい。

① △50　② △10　③ 10　④ 50

【問3】 〈資料4〉の空欄（ ウ ）に当てはまる数値を選びなさい。

① △80　② △70　③ 70　④ 80

【問4】 〈資料4〉の空欄（ エ ）に当てはまる数値を選びなさい。

① △20　② △10　③ 10　④ 20

【問5】 連結貸借対照表に関する次の文章について，正誤の組み合わせとして正しいものを選びなさい。

（ア）A社の方が，貸借対照表構成比率からみた有利子負債への依存度が高い。

（イ）A社の方が，在外子会社の貸借対照表を換算する際の換算差額が大きい。

---

① （ア）正 （イ）正　　② （ア）正 （イ）誤

③ （ア）誤 （イ）正　　④ （ア）誤 （イ）誤

【問6】 次の文章について，正誤の組み合わせとして正しいものを選びなさい。

（ア）流動比率と当座比率からみた短期の安全性は，A社の方が良い。

（イ）固定比率と負債比率からみた長期の安全性は，A社の方が良い。

---

① （ア）正 （イ）正　　② （ア）正 （イ）誤

③ （ア）誤 （イ）正　　④ （ア）誤 （イ）誤

【問7】 次の文章について，正誤の組み合わせとして正しいものを選びなさい。

（ア）経営資本営業利益率は，A社の方が良い。

（イ）自己資本当期純利益率は，A社の方が良い。

① （ア）正 （イ）正 　　② （ア）正 （イ）誤

③ （ア）誤 （イ）正 　　④ （ア）誤 （イ）誤

【問8】 次の文章の空欄に当てはまる語句を選びなさい。

経営資本営業利益率を要素分解した場合，A社とB社の経営資本営業利益率の差の主な要因は（　　）にあるといえる。

① 売上高営業利益率 　　② 財務レバレッジ

③ 総資本営業利益率 　　④ 経営資本回転率

【問9】 次の文章の空欄に当てはまる語句を選びなさい。

自己資本当期純利益率を要素分解した場合，A社とB社の自己資本当期純利益率の差のうち，率を高める方向で寄与している主な要因は（　　）にあるといえる。

① 売上高当期純利益率 　　② 財務レバレッジ

③ 総資本当期純利益率 　　④ 総資本回転率

【問10】 次の文章の空欄（ ア ）と（ イ ）に当てはまる数値と語句の適切な組み合わせを選びなさい。

A社のキャッシュ・コンバージョン・サイクルは（ ア ）日であり，営業循環過程における資金収支の効率性はB社より（ イ ）。

① （ア）5.7 （イ）良い 　　② （ア）5.7 （イ）悪い

③ （ア）8.7 （イ）良い 　　④ （ア）8.7 （イ）悪い

【問11】 次の文章の空欄（ ア ）と（ イ ）に当てはまる数値と語句の適
切な組み合わせを選びなさい。

A社の自己資本営業キャッシュ・フロー比率は（ ア ）％であり，自己
資本からみた現金創出能力はB社より（ イ ）。

① （ア） 8.9 （イ）高い　　② （ア） 8.9 （イ）低い
③ （ア） 17.8 （イ）高い　　④ （ア） 17.8 （イ）低い

【問12】 次の文章について，正誤の組み合わせとして正しいものを選びなさい。

（ア） A社の設備投資額対キャッシュ・フロー比率は，46.1％である。
（イ） 設備投資額対キャッシュ・フロー比率からみると，A社の方が積極的
　　　に投資を行っているといえる。

① （ア）正 （イ）正　　② （ア）正 （イ）誤
③ （ア）誤 （イ）正　　④ （ア）誤 （イ）誤

【問13】 次の文章について，正誤の組み合わせとして正しいものを選びなさい。

（ア）PBRは，A社の方が大きい。
（イ）配当利回りは，A社の方が大きい。

① （ア）正 （イ）正　　② （ア）正 （イ）誤
③ （ア）誤 （イ）正　　④ （ア）誤 （イ）誤

【問14】 次の文章の空欄（ ア ）と（ イ ）に当てはまる数値と語句の適
切な組み合わせを選びなさい。

A社の株式益回りは（ ア ）％であり，B社より（ イ ）。

① （ア）1.4 （イ）高い　　② （ア）1.4 （イ）低い
③ （ア）2.1 （イ）高い　　④ （ア）2.1 （イ）低い

☞解答・解説146頁

74

問題10－3　第23回

A社とB社に関する〈資料１〉から〈資料５〉により，【問１】から【問14】の設問に答えなさい。分析にあたって，連結貸借対照表数値，発行済株式数および株価は期末の数値を用いることとし，純資産を自己資本とみなす。△はマイナスを意味する。また，計算にあたって端数が出る場合は，選択肢に示されている数値の桁数に応じて四捨五入するものとする。

〈資料１〉連結貸借対照表 　　　　　　　　　　　　　　　　　　（単位：百万円）

	A社	B社
資産の部		
流動資産		
現金及び預金	（　ア　　　）	（　　　　　）
受取手形及び売掛金	（　　　　　）	（　　　　　）
有価証券	338,900	－
棚卸資産	40,400	46,200
その他	32,700	28,700
流動資産合計	1,021,100	322,200
固定資産		
有形固定資産	87,800	53,700
無形固定資産	10,000	9,400
投資その他の資産	178,000	63,000
固定資産合計	275,800	126,100
資産合計	1,296,900	448,300

75

負債の部

流動負債		
支払手形及び買掛金	31,900	62,600
短期借入金	–	1,000
その他※	66,500	50,700
流動負債合計	98,400	114,300
固定負債		
長期借入金	–	6,300
その他※	37,600	10,400
固定負債合計	37,600	16,700
負債合計	136,000	131,000
純資産の部		
株主資本	1,174,100	325,100
その他の包括利益累計額	△13,300	△8,400
非支配株主持分	100	600
純資産合計	1,160,900	317,300
負債純資産合計	1,296,900	448,300

※「その他」に有利子負債は含まれていない。

〈資料2〉 連結損益計算書 （単位：百万円）

	A社	B社
売上高	504,400	575,500
売上原価	283,500	372,900
売上総利益	220,900	202,600
販売費及び一般管理費	188,100	153,000
営業利益	32,800	49,600
営業外収益		
受取利息及び受取配当金	5,100	600
持分法による投資利益	1,900	1,500
その他	7,600	1,000
営業外収益合計	14,600	3,100
営業外費用		
支払利息	−	100
その他	18,600	1,900
営業外費用合計	18,600	2,000
経常利益	28,800	50,700
特別利益		
固定資産売却益	100	900
その他	300	100
特別利益合計	400	1,000
特別損失		
固定資産除却損	400	100
減損損失	−	2,600
その他	1,100	600
特別損失合計	1,500	3,300
税金等調整前当期純利益	27,700	48,400
法人税等合計	11,100	13,900
当期純利益	16,600	34,500
非支配株主に帰属する当期純利益又は		
非支配株主に帰属する当期純損失（△）	100	△100
親会社株主に帰属する当期純利益	16,500	34,600

〈資料3〉 連結キャッシュ・フロー計算書　　　　　　　　　　（単位：百万円）

	A社	B社
営業活動によるキャッシュ・フロー		
（　　　　　　　　　　　　　　　）	（　イ　　　　）	（　　　　　　）
減価償却費	9,100	21,600
減損損失	－	（　　　　　　）
受取利息及び受取配当金	（　　　　　　）	（　　　　　　）
支払利息	－	（　　　　　　）
持分法による投資損益	（　　　　　　）	（　　　　　　）
固定資産除却損	（　　　　　　）	（　　　　　　）
固定資産売却損益	（　　　　　　）	（　　　　　　）
売上債権の増減額	15,400	14,500
棚卸資産の増減額	34,500	△4,600
仕入債務の増減額	△21,600	6,700
その他	7,700	△10,000
小計	（　　　　　　）	（　ウ　　　　）
利息及び配当金の受取額	6,000	600
利息の支払額	－	△100
法人税等の支払額	（　　　　　　）	（　　　　　　）
営業活動によるキャッシュ・フロー	55,200	58,000
投資活動によるキャッシュ・フロー		
有形固定資産の取得による支出	△4,700	△13,600
有形固定資産の売却による収入	1,600	2,200
その他	△68,600	△12,000
投資活動によるキャッシュ・フロー	△71,700	△23,400
財務活動によるキャッシュ・フロー		
短期借入金の純増減額	－	△400
長期借入れによる収入	－	200
長期借入金の返済による支出	－	△2,300
配当金の支払額	△24,900	△13,600
その他	21,900	－
財務活動によるキャッシュ・フロー	△3,000	△16,100
現金及び現金同等物に係る換算差額	△3,900	△2,700
現金及び現金同等物の増減額	△23,400	15,800
現金及び現金同等物の期首残高	281,500	153,700
現金及び現金同等物の期末残高	258,100	169,500

〈資料4〉「現金及び現金同等物の期末残高」と連結貸借対照表に掲記されている
　　　　科目の金額との関係　　　　　　　　　　　　　　　　（単位：百万円）

	A社	B社
現金及び預金勘定	（　　　　　）	（　　　　　）
預入期間が３カ月を超える定期預金	△312,300	△5,300
現金及び現金同等物	（　　　　　）	（　　　　　）

〈資料5〉　その他のデータ

	A社	B社
発行済株式数（百万株）	140	220
1株当たり株価（円）	16,000	2,500

【問1】　〈資料1〉の空欄（　ア　）に当てはまる数値を選びなさい。

① 258,100　　② 281,500　　③ 570,400　　④ 882,700

【問2】　〈資料3〉の空欄（　イ　）に当てはまる数値を選びなさい。

① 16,500　　② 16,600　　③ 27,700　　④ 28,800

【問3】　〈資料3〉の空欄（　ウ　）に当てはまる数値を選びなさい。

① 49,600　　② 71,400　　③ 76,400　　④ 76,800

【問4】　B社のネットキャッシュを計算し，正しい数値を選びなさい。

① 104,900　　② 167,500　　③ 168,500　　④ 173,800

【問5】　次の文章について，正誤の組み合わせとして正しいものを選びなさい。

> （ア）固定長期適合率からみると，長期的な安全性はA社の方が良好と判断
> 　　される。
> （イ）負債比率からみると，長期的な安全性はA社の方が良好と判断される。

① （ア）正　（イ）正　　　② （ア）正　（イ）誤

③ （ア）誤　（イ）正　　　④ （ア）誤　（イ）誤

【問6】　次の文章について，正誤の組み合わせとして正しいものを選びなさい。

（ア）自己資本比率を高めると，財務レバレッジは高くなる。

（イ）自己資本比率は，A社の方が高い。

　①　（ア）正　（イ）正　　　②　（ア）正　（イ）誤

　③　（ア）誤　（イ）正　　　④　（ア）誤　（イ）誤

【問7】　次の文章について，正誤の組み合わせとして正しいものを選びなさい。

（ア）総資本事業利益率は，A社の方が悪い。

（イ）総資本事業利益率を要因別に2つに分解した場合，両要因ともにA社の方が悪い。

　①　（ア）正　（イ）正　　　②　（ア）正　（イ）誤

　③　（ア）誤　（イ）正　　　④　（ア）誤　（イ）誤

【問8】　次の文章について，正誤の組み合わせとして正しいものを選びなさい。

（ア）自己資本当期純利益率は，A社の方が良い。

（イ）自己資本当期純利益率を要因別に3つに分解した場合，財務レバレッジはA社の方が高いものの，その他の指標はB社の方が高い。

　①　（ア）正　（イ）正　　　②　（ア）正　（イ）誤

　③　（ア）誤　（イ）正　　　④　（ア）誤　（イ）誤

【問9】　次の文章について，正誤の組み合わせとして正しいものを選びなさい。

（ア）フリー・キャッシュ・フローは，A社の方が大きい。

（イ）自己資本営業キャッシュ・フロー比率は，A社の方が優れている。

　①　（ア）正　（イ）正　　　②　（ア）正　（イ）誤

　③　（ア）誤　（イ）正　　　④　（ア）誤　（イ）誤

【問10】 次の文章について，正誤の組み合わせとして正しいものを選びなさい。

（ア）営業キャッシュ・フロー対流動負債比率からみた安全性は，Ａ社の方が優れている。

（イ）設備投資額対キャッシュ・フロー比率からみた設備投資の健全性は，Ａ社の方が優れている。

---

① （ア）正 （イ）正 　　② （ア）正 （イ）誤

③ （ア）誤 （イ）正 　　④ （ア）誤 （イ）誤

【問11】 次の文章の空欄（ ア ）と（ イ ）に当てはまる数値と語句の適切な組み合わせを選びなさい。

　Ｂ社の売上債権回転期間は（ ア ）日である。売上債権回転期間からみると，（ イ ）の方が債権管理が効率的であると判断できる。

---

① （ア）8 （イ）Ａ社 　　② （ア）8 （イ）Ｂ社

③ （ア）46 （イ）Ａ社 　　④ （ア）46 （イ）Ｂ社

【問12】 Ｂ社のキャッシュ・コンバージョン・サイクルを計算し，正しい数値を選びなさい。

① 1日 　② 11日 　③ 35日 　④ 115日

【問13】 次の文章について，正誤の組み合わせとして正しいものを選びなさい。

（ア）PBRからみると，Ａ社の方が将来の利益水準への期待感が大きいといえる。

（イ）PBRからみると，Ａ社の方が将来の純資産価値が増大する期待感が大きいといえる。

---

① （ア）正 （イ）正 　　② （ア）正 （イ）誤

③ （ア）誤 （イ）正 　　④ （ア）誤 （イ）誤

【問14】 次の文章について，正誤の組み合わせとして正しいものを選びなさい。

（ア）株式益回りは，配当利回りの逆数である。

（イ）株式益回りからみた株式投資の効率は，A社の方が高いといえる。

① （ア）正 （イ）正 　　② （ア）正 （イ）誤

③ （ア）誤 （イ）正 　　④ （ア）誤 （イ）誤

☞解答・解説149頁

問題10－4　　第25回

A社とB社に関する〈資料1〉から〈資料6〉により，【問1】から【問17】の設問に答えなさい。分析にあたって，連結貸借対照表数値，発行済株式数，株価および従業員数は期末の数値を用いることとし，純資産を自己資本とみなす。△はマイナスを意味する。計算にあたって端数が出る場合は，選択肢に示されている数値の桁数に応じて四捨五入するものとする。

〈資料1〉連結貸借対照表 （単位：百万円）

	A社	B社
資産の部		
流動資産		
現金及び預金	186,900	238,300
受取手形及び売掛金	48,500	187,100
有価証券	1,700	900
棚卸資産	582,300	479,000
貸倒引当金	△900	△3,600
流動資産合計	818,500	901,700
固定資産		
有形固定資産	415,400	482,200
（うち建設仮勘定）	（50,000）	（48,000）
投資その他の資産	163,000	256,100
固定資産合計	578,400	738,300
資産合計	1,396,900	1,640,000

82

負債の部

流動負債

支払手形及び買掛金	155,200	267,500
１年以内返済予定の長期借入金	100,000	80,000
未払法人税等	29,700	51,200
賞与引当金	43,800	99,300
流動負債合計	328,700	498,000
固定負債	486,200	461,800
負債合計	814,900	959,800

純資産の部

株主資本

資本金	250,000	360,000
資本剰余金	100,000	80,000
利益剰余金	197,400	204,300
自己株式	△21,700	△6,500
株主資本合計	525,700	637,800
その他の包括利益累計額	40,200	22,300
新株予約権	1,500	900
非支配株主持分	14,600	19,200
純資産合計	582,000	680,200
負債純資産合計	1,396,900	1,640,000

〈資料2〉 連結損益計算書 　　　　　　　　　　　　　　　　　（単位：百万円）

	A社	B社
売上高	2,046,800	2,889,100
売上原価	1,589,200	2,102,500
売上総利益	457,600	786,600
販売費及び一般管理費	286,900	505,300
営業利益	170,700	281,300
営業外収益		
受取利息及び配当金	3,400	8,100
持分法による投資利益	－	300
営業外収益合計	3,400	8,400
営業外費用		
支払利息	800	1,500
営業外費用合計	800	1,500
経常利益	173,300	288,200
特別利益		
固定資産売却益	800	－
投資有価証券売却益	300	200
特別利益合計	1,100	200
特別損失		
減損損失	15,800	21,000
固定資産売却損	－	1,200
投資有価証券評価損	200	－
特別損失合計	16,000	22,200
税金等調整前当期純利益	158,400	266,200
法人税，住民税及び事業税	93,200	148,200
法人税等調整額	△5,200	10,800
法人税等合計	88,000	159,000
当期純利益	70,400	107,200
非支配株主に帰属する当期純利益	5,700	25,700
親会社株主に帰属する当期純利益	64,700	81,500

〈資料３〉連結キャッシュ・フロー計算書　　　　　　（単位：百万円）

	A社	B社
営業活動によるキャッシュ・フロー		
（　　　　　　　　　　　　　　　　　　）	（　　　　）	（ ア　　　）
減価償却費	（ イ　　）	33,800
減損損失	15,800	21,000
退職給付に係る負債の増減額	△3,100	5,600
受取利息及び受取配当金	△3,400	△8,100
支払利息	800	1,500
持分法による投資損益	－	△300
固定資産売却損益	△800	1,200
投資有価証券売却損益	△300	200
投資有価証券評価損益	200	0
売上債権の増減額	900	1,600
棚卸資産の増減額	（　　　　）	24,800
仕入債務の増減額	18,700	△29,100
小計	198,200	（　　　　）
利息及び配当金の受取額	3,400	8,100
利息の支払額	△800	△1,500
法人税等の支払額	△84,800	（　　　　）
営業活動によるキャッシュ・フロー	116,000	172,100
投資活動によるキャッシュ・フロー		
有形固定資産の取得による支出	△68,200	△109,300
有形固定資産の売却による収入	4,900	6,600
その他	3,700	7,500
投資活動によるキャッシュ・フロー	△59,600	△95,200
財務活動によるキャッシュ・フロー		
長期借入れによる収入	120,000	80,000
長期借入金の返済による支出	△100,000	△70,000
配当金の支払額	（　　　　）	（ ウ　　　）
非支配株主への配当金の支払額	（　　　　）	（　　　　）
財務活動によるキャッシュ・フロー	3,200	△27,200
現金及び現金同等物に係る換算差額	300	200
現金及び現金同等物の増減額	（　　　　）	49,900
現金及び現金同等物の期首残高	121,400	179,300
現金及び現金同等物の期末残高	（ エ　　）	229,200

〈資料4〉 A社のセグメント情報の注記（抜粋）　　　　　　　　（単位：百万円）

	報告セグメント			合計	調整額	連結財務諸表計上額
	甲事業	乙事業	丙事業			
売上高						
外部顧客への売上高	646,500	973,400	426,900	2,046,800	－	2,046,800
セグメント間の内部売上高又は振替高	1,400	500	300	2,200	△2,200	－
計	647,900	973,900	427,200	2,049,000	△2,200	2,046,800
セグメント利益	74,000	99,200	△2,300	170,900	△200	170,700
セグメント資産	489,200	514,900	207,600	1,211,700	（　　　）	（　オ　　）
その他の項目						
減価償却費	8,500	10,300	8,100	26,900	△500	26,400

〈資料5〉 A社の注記事項（抜粋）

（連結キャッシュ・フロー計算書関係）

現金及び現金同等物の期末残高と連結貸借対照表に掲記されている科目の金額との関係

現金及び預金勘定	（　　　　　　）	百万円
預入期間が3カ月を超える定期預金	△5,600	
現金及び現金同等物	（　　　　　　）	

〈資料6〉 その他のデータ

	A社	B社
発行済株式数	1,080百万株	1,950百万株
株価	1,400円	1,200円
1株当たり配当額	15円	18円
従業員数	26,000人	41,000人

〈分析にあたっての留意事項〉

①　A社の前年度末の棚卸資産は，566,900百万円であった。

②　1株当たり配当額と期中の1株当たり配当金支払額は，同額である。

【問1】 〈資料3〉の空欄（　ア　）に当てはまる数値を選びなさい。

①　81,500　　②　107,200　　③　266,200　　④　281,300　　⑤　288,200

【問2】　〈資料3〉の空欄（　イ　）に当てはまる数値を選びなさい。

① △26,900　　② △26,400　　③ 15,800　　④ 26,400　　⑤ 26,900

【問3】　〈資料3〉の空欄（　ウ　）に当てはまる数値を選びなさい。

① △35,100　　② △16,200　　③ 8,100　　④ 16,200　　⑤ 35,100

【問4】　〈資料3〉の空欄（　エ　）に当てはまる数値を選びなさい。

① 181,300　　② 186,900　　③ 192,500　　④ 229,200　　⑤ 256,100

【問5】　〈資料4〉の空欄（　オ　）に当てはまる数値を選びなさい。

① 578,400　　② 738,300　　③ 1,211,700　　④ 1,396,900

⑤ 1,640,000

【問6】　次の文章について，正誤の組み合わせとして正しいものを選びなさい。

（ア）B社の連結子会社には，親会社株主以外の株主が存在する。

（イ）B社は，非連結子会社または関連会社を有している。

① （ア）正　（イ）正　　　② （ア）正　（イ）誤

③ （ア）誤　（イ）正　　　④ （ア）誤　（イ）誤

【問7】　次の文章について，正誤の組み合わせとして正しいものを選びなさい。

（ア）A社とB社の連結貸借対照表に計上されている売上債権の金額は，ともに前期よりも当期の方が大きい。

（イ）連結貸借対照表に計上されている仕入債務の金額は，A社は前期よりも当期の方が大きいが，B社は前期よりも当期の方が小さい。

① （ア）正　（イ）正　　　② （ア）正　（イ）誤

③ （ア）誤　（イ）正　　　④ （ア）誤　（イ）誤

【問8】　次の文章について，正誤の組み合わせとして正しいものを選びなさい。

（ア）固定比率からみると，A社の方が長期の安全性は高いと判断できる。

（イ）正味運転資本は，A社の方が大きい。

① （ア）正　（イ）正　　　② （ア）正　（イ）誤

③　（ア）誤　（イ）正　　　④　（ア）誤　（イ）誤

【問9】　次の文章について，正誤の組み合わせとして正しいものを選びなさい。

（ア）A社の経営資本営業利益率は，14.4％である。

（イ）A社がB社と同じ経営資本営業利益率を達成するためには，営業利益が68,500百万円多くなければならなかった。なお，連結貸借対照表数値に変動はないものとする。

①　（ア）正　（イ）正　　　②　（ア）正　（イ）誤

③　（ア）誤　（イ）正　　　④　（ア）誤　（イ）誤

【問10】　次の文章の空欄（　ア　）と（　イ　）に当てはまる数値と語句の適切な組み合わせを選びなさい。

　A社のキャッシュ・コンバージョン・サイクルは約（　ア　）日であり，B社と比較して営業循環過程における資金収支の効率性が（　イ　）といえる。

①　（ア）68　（イ）良い　　　②　（ア）68　（イ）悪い

③　（ア）85　（イ）良い　　　④　（ア）85　（イ）悪い

【問11】　次の文章の空欄（　ア　）と（　イ　）に当てはまる数値と語句の適切な組み合わせを選びなさい。

　B社のフリー・キャッシュ・フローは（　ア　）百万円であり，A社のフリー・キャッシュ・フローより（　イ　）。

①　（ア）76,900　（イ）大きい　　　②　（ア）76,900　（イ）小さい

③　（ア）267,300　（イ）大きい　　　④　（ア）267,300　（イ）小さい

【問12】 次の文章について，正誤の組み合わせとして正しいものを選びなさい。

（ア）営業キャッシュ・フロー対流動負債比率は，両社とも30％を上回っている。

（イ）自己資本営業キャッシュ・フロー比率からみた収益性は，A社の方が高い。

① （ア）正 （イ）正　　　② （ア）正 （イ）誤

③ （ア）誤 （イ）正　　　④ （ア）誤 （イ）誤

【問13】 次の文章の空欄（ ア ）と（ イ ）に当てはまる数値と語句の適切な組み合わせを選びなさい。

B社の設備投資額対キャッシュ・フロー比率は（ ア ）％であり，営業活動によるキャッシュ・フローの範囲内で設備投資に必要な資金を（ イ ）と判断できる。

① （ア）59.7 （イ）まかなえている

② （ア）59.7 （イ）まかなえていない

③ （ア）63.5 （イ）まかなえている

④ （ア）63.5 （イ）まかなえていない

【問14】 A社のセグメント情報に関する次の文章について，正誤の組み合わせとして正しいものを選びなさい。

（ア）甲事業と乙事業を比べると，投資の規模に対して売上高を生み出す効率が高いのは甲事業である。

（イ）セグメントごとの資産利益率からみると，乙事業よりも甲事業の方が収益性に優れている。

① （ア）正 （イ）正　　　② （ア）正 （イ）誤

③ （ア）誤 （イ）正　　　④ （ア）誤 （イ）誤

【問15】 次の文章について，正誤の組み合わせとして正しいものを選びなさい。

> （ア）A社の方が，時価総額が大きい。
>
> （イ）B社の方が，配当性向が高い。

　①　（ア）正　（イ）正　　　②　（ア）正　（イ）誤

　③　（ア）誤　（イ）正　　　④　（ア）誤　（イ）誤

【問16】 次の文章の空欄（　ア　）と（　イ　）に当てはまる数値と語句の適切な組み合わせを選びなさい。

> 　B社の配当利回りは（　ア　）％であり，A社より（　イ　）。

　①　（ア）1.5　（イ）大きい　　　②　（ア）1.5　（イ）小さい

　③　（ア）3.5　（イ）大きい　　　④　（ア）3.5　（イ）小さい

【問17】 次の文章について，正誤の組み合わせとして正しいものを選びなさい。

> （ア）A社の方が，資本集約率が高い。
>
> （イ）A社の方が，労働装備率が高い。

　①　（ア）正　（イ）正　　　②　（ア）正　（イ）誤

　③　（ア）誤　（イ）正　　　④　（ア）誤　（イ）誤

☞解答・解説151頁

問題10－5　第23回

A社に関する〈資料１〉から〈資料６〉により，【問１】から【問17】の設問に答えなさい。分析にあたって，連結貸借対照表数値，発行済株式数，株価および従業員数は期末の数値を用いることとし，純資産を自己資本とみなす。△はマイナスを意味する。また，計算にあたって端数が出る場合は，選択肢に示されている数値の桁数に応じて四捨五入するものとする。

〈資料１〉連結貸借対照表 （単位：百万円）

	X1年度	X2年度
資産の部		
流動資産		
現金及び預金	26,700	71,400
受取手形及び売掛金	183,500	198,200
有価証券	3,900	2,600
棚卸資産	161,900	152,100
流動資産合計	376,000	424,300
固定資産		
有形固定資産	521,200	512,200
無形固定資産	20,000	10,000
投資その他の資産		
投資有価証券	36,400	37,600
繰延税金資産	20,200	22,400
投資その他の資産合計	56,600	60,000
固定資産合計	597,800	582,200
資産合計	973,800	1,006,500

	X1年度	X2年度
負債の部		
流動負債		
支払手形及び買掛金	136,500	127,500
短期借入金	4,000	5,000
１年内返済予定の長期借入金	8,000	9,000
未払法人税等	20,300	19,500
流動負債合計	168,800	161,000
固定負債		
長期借入金	22,000	34,000
退職給付に係る債務	56,100	57,100
繰延税金負債	2,400	2,600
固定負債合計	80,500	93,700
負債合計	249,300	254,700
純資産の部		
株主資本		
資本金	400,000	400,000
資本剰余金	100,000	100,000
利益剰余金	210,500	（　ア　　　）
自己株式	△900	（　イ　　　）
株主資本合計	709,600	（　　　　　）
その他の包括利益累計額	4,100	4,600
非支配株主持分	10,800	13,400
純資産合計	724,500	（　　　　　）
負債純資産合計	973,800	1,006,500

〈資料2〉 連結損益計算書　　　　　　　　　　　　　　（単位：百万円）

	X1年度	X2年度
売上高	1,084,700	1,108,600
売上原価	601,700	627,100
売上総利益	483,000	481,500
販売費及び一般管理費	379,800	389,200
営業利益	103,200	92,300
営業外収益		
受取利息及び配当金	2,100	2,600
有価証券評価益	200	100
有価証券売却益	300	600
持分法による投資利益	100	400
為替差益	－	1,300
営業外収益合計	2,700	5,000
営業外費用		
支払利息	1,400	2,100
為替差損	1,400	－
営業外費用合計	2,800	2,100
経常利益	103,100	95,200
特別利益		
固定資産売却益	300	－
投資有価証券売却益	200	（　　　　　）
特別利益合計	500	（　　　　　）
特別損失		
減損損失	600	1,100
固定資産売却損	－	（　　　　　）
特別損失合計	600	（　　　　　）
税金等調整前当期純利益	103,000	93,700
法人税，住民税及び事業税	46,800	40,300
法人税等調整額	△500	△900
法人税等合計	46,300	39,400
当期純利益	56,700	54,300
非支配株主に帰属する当期純利益	6,100	5,900
親会社株主に帰属する当期純利益	50,600	48,400

〈資料３〉 連結キャッシュ・フロー計算書　　　　　　　（単位：百万円）

	X1年度	X2年度
営業活動によるキャッシュ・フロー		
（　　　　　　　　　　　　　）	（　　　　　　）	（　　　　　　）
減価償却費	（　　　　　　）	71,900
減損損失	（　　　　　　）	（　　　　　　）
退職給付に係る負債の増減額	800	1,000
受取利息及び受取配当金	△2,100	△2,600
為替差損益	1,400	△1,300
支払利息	1,400	2,100
持分法による投資損益	△100	△400
有価証券評価損益	△200	△100
有価証券売却損益	△300	△600
投資有価証券売却損益	△200	△300
固定資産売却損益	△300	700
売上債権の増減額	2,800	（　ウ　　　）
棚卸資産の増減額	△5,100	（　　　　　）
仕入債務の増減額	△7,600	（　　　　　）
小計	170,900	151,300
利息及び配当金の受取額	2,100	2,600
利息の支払額	△1,400	△2,100
法人税等の支払額	△65,800	△41,100
営業活動によるキャッシュ・フロー	105,800	110,700
投資活動によるキャッシュ・フロー		
投資活動によるキャッシュ・フロー	△75,700	△52,600
財務活動によるキャッシュ・フロー		
短期借入金の純増減額	△2,000	（　　　　　）
長期借入れによる収入	15,000	（　エ　　　）
長期借入金の返済による支出	△10,000	△8,000
自己株式の取得による支出	△300	△200
配当金の支払額	（　　　　　）	（　オ　　　）
非支配株主への配当金の支払額	△3,500	△3,300
財務活動によるキャッシュ・フロー	（　　　　　）	（　　　　　）
現金及び現金同等物に係る換算差額	200	（　　　　　）
現金及び現金同等物の増減額	5,500	44,700
現金及び現金同等物の期首残高	21,200	26,700
現金及び現金同等物の期末残高	26,700	71,400

〈資料4〉 セグメント情報（抜粋）

X1年度

（単位：百万円）

	B事業	C事業	D事業	計	調整額	連結財務諸表計上額
売上高						
外部顧客への売上高	527,600	324,500	232,600	1,084,700	−	1,084,700
セグメント間の内部売上高又は振替高	27,000	19,200	4,100	50,300	△50,300	−
計	554,600	343,700	236,700	1,135,000	△50,300	1,084,700
セグメント利益	45,800	21,700	36,900	104,400	△1,200	103,200
セグメント資産	287,000	200,400	144,200	631,600	( )	973,800
その他の項目						
減価償却費	21,700	18,600	9,700	50,000	26,800	76,800
固定資産の減損損失	100	200	200	500	100	600

X2年度

（単位：百万円）

	B事業	C事業	D事業	計	調整額	連結財務諸表計上額
売上高						
外部顧客への売上高	558,400	338,200	212,000	1,108,600	−	1,108,600
セグメント間の内部売上高又は振替高	35,000	21,300	5,600	61,900	△61,900	−
計	593,400	359,500	217,600	1,170,500	△61,900	1,108,600
セグメント利益	38,600	20,300	35,200	94,100	△1,800	92,300
セグメント資産	295,100	197,300	152,300	644,700	( )	(カ)
その他の項目						
減価償却費	21,400	15,600	9,500	46,500	25,400	71,900
固定資産の減損損失	300	100	100	500	600	1,100

〈資料5〉 連結株主資本等変動計算書（抜粋）

X2年度 (単位：百万円)

	株主資本				
	資本金	資本剰余金	利益剰余金	自己株式	株主資本合計
当期首残高	400,000	100,000	210,500	△900	709,600
当期変動額					
剰余金の配当			（　　　）		△24,000
親会社株主に帰属する当期純利益			（　　　）		48,400
自己株式の取得				（　　　）	（　　　）
株主資本以外の項目の当期変動額（純額）					－
当期変動額合計	－	－	（　　　）	（　　　）	（　　　）
当期末残高	400,000	100,000	（　　　）	（　　　）	733,800

〈資料6〉 その他のデータ

	X1年度	X2年度
発行済株式数（百万株）	2,000	2,000
1株当たり株価（円）	80	80
従業員数（人）	7,618	8,510
同業他社の配当利回り（％）	10.3	11.2

〈分析にあたっての留意事項〉

① その他の包括利益累計額は，その他有価証券評価差額金と退職給付に係る調整累計額からなる。

② 変動費＝売上原価，固定費＝販売費及び一般管理費－営業外収益＋営業外費用とし，損益分岐点分析は経常利益レベルで行う。

③ X1年度およびX2年度ともに未払配当金はない。

【問1】 〈資料1〉の空欄（　ア　）に当てはまる数値を選びなさい。

① 180,200　② 186,100　③ 234,900　④ 240,800

【問2】 〈資料1〉の空欄（　イ　）に当てはまる数値を選びなさい。

① △1,100　② △700　③ 700　④ 1,100

【問3】 〈資料3〉の空欄（　ウ　）に当てはまる数値を選びなさい。

① △14,700　② △8,200　③ 8,200　④ 14,700

【問4】 〈資料3〉の空欄（　エ　）に当てはまる数値を選びなさい。

① 12,000　② 13,000　③ 20,000　④ 21,000

【問5】 〈資料3〉の空欄（　オ　）に当てはまる数値を選びなさい。

① △160,000　② △24,000　③ 24,000　④ 160,000

【問6】 〈資料4〉の空欄（　カ　）に当てはまる数値を選びなさい。

① 644,700　② 733,800　③ 751,800　④ 1,006,500

【問7】 次の文章の空欄（　ア　）と（　イ　）に当てはまる数値と語句の適切な組み合わせを選びなさい。

X2年度の固定比率は（　ア　）％であり，X1年度に比べて（　イ　）している。

---

① （ア）57.8　（イ）改善　　② （ア）57.8　（イ）悪化

③ （ア）77.4　（イ）改善　　④ （ア）77.4　（イ）悪化

【問8】 次の文章の空欄（　ア　）と（　イ　）に当てはまる数値と語句の適切な組み合わせを選びなさい。

X2年度のインタレスト・カバレッジ・レシオは（　ア　）倍であり，これからみた金利支払能力は（　イ　）の方が高い。

---

① （ア）27.3　（イ）X1年度　　② （ア）27.3　（イ）X2年度

③ （ア）45.4　（イ）X1年度　　④ （ア）45.4　（イ）X2年度

【問9】 次の文章について，正誤の組み合わせとして正しいものを選びなさい。

（ア）総資本経常利益率からみると，X2年度の方が収益性が高い。

（イ）経営資本営業利益率からみると，X2年度の方が収益性が高い。

① （ア）正 （イ）正　　② （ア）正 （イ）誤

③ （ア）誤 （イ）正　　④ （ア）誤 （イ）誤

【問10】 次の文章の空欄（ ア ）と（ イ ）に当てはまる数値と語句の適切な組み合わせを選びなさい。

　X2年度の自己資本当期純利益率は（ ア ）％であり，X1年度と比較して（ イ ）している。

① （ア）6.4 （イ）改善　　② （ア）6.4 （イ）悪化

③ （ア）7.0 （イ）改善　　④ （ア）7.0 （イ）悪化

【問11】 次の文章の空欄（ ア ）と（ イ ）に当てはまる語句の適切な組み合わせを選びなさい。

　X1年度と比較して，X2年度の営業キャッシュ・フロー・マージンが（ ア ）なっているのは，営業活動によるキャッシュ・フローが（ イ ）したことによる。

① （ア）高く （イ）増加　　② （ア）高く （イ）減少

③ （ア）低く （イ）増加　　④ （ア）低く （イ）減少

【問12】 次の文章について，正誤の組み合わせとして正しいものを選びなさい。

（ア）A社には，増収増益のセグメントはない。

（イ）X2年度のセグメント資産回転率からみると，D事業は他の事業と比較して投資効率が高いといえる。

① （ア）正 （イ）正　　② （ア）正 （イ）誤

③ （ア）誤 （イ）正　　④ （ア）誤 （イ）誤

【問13】 次の文章の空欄（ ア ）と（ イ ）に当てはまる語句の適切な組み合わせを選びなさい。

> X2年度のセグメント資産利益率がもっとも良いのは（ ア ）であり，（ ア ）のセグメント資産利益率は，X1年度からX2年度にかけて（ イ ）している。

① （ア）B事業 （イ）良化　　② （ア）B事業 （イ）悪化
③ （ア）D事業 （イ）良化　　④ （ア）D事業 （イ）悪化

【問14】 次の文章の空欄（ ア ）に当てはまる数値を選びなさい。

> X3年度の固定費の金額と変動費率がX2年度と同じとすると，経常利益120,000百万円を達成するためには，少なくとも約（ ア ）百万円の売上高が必要となる。なお，変動費率の計算にあたっては，パーセントの小数点以下第2位を四捨五入するものとする。

① 277,000　　② 818,000　　③ 895,000
④ 1,167,000　　⑤ 1,329,000

【問15】 次の文章の空欄（ ア ）と（ イ ）に当てはまる数値と語句の適切な組み合わせを選びなさい。

> X2年度の配当利回りは（ ア ）％であり，投資者からみて同業他社よりも投資果実の割合が（ イ ）といえる。

① （ア）15.0 （イ）高い　　② （ア）15.0 （イ）低い
③ （ア）30.3 （イ）高い　　④ （ア）30.3 （イ）低い

【問16】 次の文章について，正誤の組み合わせとして正しいものを選びなさい。

> （ア）配当性向は，X1年度とX2年度で同じである。
> （イ）時価総額は，X1年度からX2年度にかけて増加している。

① （ア）正 （イ）正　　② （ア）正 （イ）誤

③ （ア）誤 （イ）正　　④ （ア）誤 （イ）誤

【問17】 次の文章について，正誤の組み合わせとして正しいものを選びなさい。

（ア）資本集約率は，X2年度の方が高い。

（イ）従業員１人当たり営業利益から判断すると，X2年の方が従業員効率が優れている。

① （ア）正 （イ）正　　② （ア）正 （イ）誤
③ （ア）誤 （イ）正　　④ （ア）誤 （イ）誤

☞解答・解説153頁

問題10－6　第27回

A社に関する〈資料１〉から〈資料５〉により，【問１】から【問19】の設問に答えなさい。分析にあたって，連結貸借対照表数値，発行済株式数および株価は期末の数値を用いることとし，純資産を自己資本とみなす。△はマイナスを意味する。なお，計算にあたって端数が出る場合は，小数点以下第２位を四捨五入するものとする。

〈資料１〉 連結貸借対照表　　　　　　　　　　　　　　　　（単位：百万円）

	X1年度	X2年度
資産の部		
流動資産		
現金及び預金	132,030	151,788
受取手形及び売掛金	54,437	56,479
商品及び製品	8,641	9,089
仕掛品	2,725	2,449
原材料及び貯蔵品	17,159	（ ア ）
その他	14,032	（　　）
貸倒引当金	△229	△254
流動資産合計	228,795	250,341

100

固定資産		
有形固定資産		
建物及び構築物	89,911	87,387
機械及び運搬具	50,589	48,958
土地	41,930	44,561
リース資産	8,078	7,180
その他	7,791	13,112
有形固定資産合計	198,299	201,198
無形固定資産		
ソフトウェア	2,738	3,050
その他	2,726	2,677
無形固定資産合計	5,464	5,727
投資その他の資産		
投資有価証券	143,822	163,591
繰延税金資産	1,920	1,954
その他	7,583	8,558
貸倒引当金	△142	△128
投資その他の資産合計	153,183	173,975
固定資産合計	356,946	380,900
資産合計	585,741	631,241

	X1年度	X2年度
負債の部		
流動負債		
支払手形及び買掛金	24,618	29,528
短期借入金	41,071	41,643
1年内返済予定の長期借入金	5,598	45,570
リース債務	2,145	2,098
未払法人税等	3,907	3,404
賞与引当金	5,607	5,840
その他	31,206	33,717
流動負債合計	114,152	161,800
固定負債		
長期借入金	57,491	41,898
リース債務	5,364	4,614
繰延税金負債	19,900	26,360
退職給付に係る負債	7,471	5,346
その他	4,482	4,549
固定負債合計	94,708	82,767
負債合計	208,860	244,567
純資産の部		
株主資本		
資本金	31,117	31,117
資本剰余金	41,581	41,528
利益剰余金	314,101	318,580
自己株式	△40,446	△52,322
株主資本合計	346,353	338,903
その他の包括利益累計額	△2,850	13,276
非支配株主持分	33,378	34,495
純資産合計	376,881	386,674
負債純資産合計	585,741	631,241

〈資料2〉連結損益計算書　　　　　　　　　　　　　　　　　　（単位：百万円）

	X1年度	X2年度
売上高	378,307	401,569
売上原価	163,973	171,640
売上総利益	214,334	229,929
販売費及び一般管理費	177,053	186,466
営業利益	37,281	43,463
営業外収益		
受取利息及び受取配当金	4,585	5,812
持分法による投資利益	4,442	3,883
その他	4,274	2,113
営業外収益合計	13,301	11,808
営業外費用		
支払利息	708	652
その他	504	1,565
営業外費用合計	1,212	2,217
経常利益	49,370	53,054
特別利益		
固定資産売却益	291	164
投資有価証券売却益	－	660
その他	3	1
特別利益合計	294	825
特別損失		
固定資産売却損	15	55
固定資産除却損	374	327
減損損失	176	12
投資有価証券評価損	373	－
その他	（　　　　）	（　　　　）
特別損失合計	（　　　　）	（　　　　）
税金等調整前当期純利益	（　　　　）	（　イ　　　）
法人税，住民税及び事業税	12,464	13,096
法人税等調整額	1,245	1,725
法人税等合計	13,709	14,821
（　　　　　　　　）	34,972	（　　　　）
非支配株主に帰属する当期純利益	4,818	（　　　　）
親会社株主に帰属する当期純利益	30,154	34,064

〈資料3〉 連結包括利益計算書　　　　　　　　　　　　　　　（単位：百万円）

	X1年度	X2年度
（　　　　　　　　　　　　　　　　　　　）	（　　　　　）	（　　　　　）
その他の包括利益	（　ウ　　）	（　　　　　）
包括利益	19,397	54,364
（内訳）		
親会社株主に係る包括利益	17,668	50,191
非支配株主に係る包括利益	1,729	4,173

〈資料4〉 連結キャッシュ・フロー計算書　　　　　　　　　（単位：百万円）

	X1年度	X2年度
営業活動によるキャッシュ・フロー		
（　　　　　　　　　　　　）	48,681	53,481
減価償却費	（　　　　　）	21,532
減損損失	（　エ　　）	（　　　　　）
引当金の増減額	296	101
退職給付に係る負債の増減額	△1,939	△2,125
受取利息及び受取配当金	（　オ　　）	（　　　　　）
支払利息	（　　　　　）	（　　　　　）
持分法による投資損益	△4,442	△3,883
固定資産除売却損益	97	217
投資有価証券評価損益	373	－
売上債権の増減額	551	（　　　　　）
棚卸資産の増減額	△958	389
仕入債務の増減額	813	4,910
その他	3,946	（　　　　　）
小計	66,377	69,357
利息及び配当金の受取額	5,517	7,220
利息の支払額	△703	△648
法人税等の支払額	△11,193	△13,940
営業活動によるキャッシュ・フロー	59,998	61,989
投資活動によるキャッシュ・フロー		
定期預金の預入による支出	△55,466	△63,711

定期預金の払戻による収入	36,976	55,970
固定資産の取得による支出	△24,772	△22,332
固定資産の売却による収入	605	269
投資有価証券の取得による支出	△1,635	△1,143
投資有価証券の売却による収入	62	1,800
その他	△756	△1,138
投資活動によるキャッシュ・フロー	△44,986	△30,285
財務活動によるキャッシュ・フロー		
短期借入金の純増減額	5,782	668
長期借入れによる収入	－	30,000
長期借入金の返済による支出	△8,465	△5,644
リース債務の返済による支出	△2,723	△2,421
自己株式の取得による支出	△2	△36,005
自己株式の売却による収入	549	－
配当金の支払額	△6,766	△5,450
非支配株主への配当金の支払額	△2,235	△1,932
その他	111	△1,185
財務活動によるキャッシュ・フロー	△13,749	△21,969
現金及び現金同等物に係る換算差額	△7,932	( )
現金及び現金同等物の増減額	△6,669	(カ)
現金及び現金同等物の期首残高	101,799	95,130
現金及び現金同等物の期末残高	95,130	( )

〈資料5〉注記事項
（連結株主資本等変動計算書関係）
発行済株式に関する事項

（単位：百万株）

	X1年度末	増加	減少	X2年度末
発行済株式（普通株式）	176	－	5	171

(連結キャッシュ・フロー計算書関係)
現金及び現金同等物の期末残高と連結貸借対照表に掲記されている科目の金額との関係

(単位:百万円)

( )	X1年度	X2年度
( )	( )	( )
預入期間が3カ月を超える定期預金等	△36,900	△45,852
現金及び現金同等物	( )	( )

(セグメント情報)

X2年度 (単位:百万円)

	a事業	b事業	その他事業	調整額	連結財務諸表計上額
売上高					
外部顧客への売上高	357,565	25,661	( )	－	(キ)
セグメント間の内部 　売上高又は振替高	20,808	－	( )	△23,246	－
計	378,373	25,661	( )	△23,246	( )
セグメント利益又は 損失(△)	59,065	1,322	950	△17,874	43,463
その他の項目					
減価償却費	19,127	950	460	995	21,532
持分法適用会社への 　投資額	59,173	－	－	－	59,173
有形固定資産及び 　無形固定資産の増加額	20,501	665	326	3,631	25,123

〈分析にあたっての留意事項〉

① 　変動費に該当する費用は売上原価のみであり,損益分岐点分析に用いる利益は営業利益とする。

② 　期末の株価は,X1年度6,100円,X2年度7,800円である。

③ 　X2年度末の同業種の平均値は,PER23.0倍,固定長期適合率70.3%である。

【問1】〈資料1〉の空欄（　ア　）に当てはまる数値を選びなさい。

①　16,322　　②　16,418　　③　16,598　　④　17,376　　⑤　17,556

【問2】〈資料2〉の空欄（　イ　）に当てはまる数値を選びなさい。

①　38,660　　②　50,191　　③　51,756　　④　53,481　　⑤　54,364

【問3】〈資料3〉の空欄（　ウ　）に当てはまる数値を選びなさい。

①　△29,284　　②　△15,575　　③　△10,757　　④　6,933　　⑤　14,579

【問4】〈資料4〉の空欄（　エ　）に当てはまる数値を選びなさい。

①　△188　　②　△176　　③　176　　④　188　　⑤　565

【問5】〈資料4〉の空欄（　オ　）に当てはまる数値を選びなさい。

①　△5,517　　②　△4,585　　③　△1,703　　④　4,585　　⑤　5,517

【問6】〈資料4〉の空欄（　カ　）に当てはまる数値を選びなさい。

①　8,666　　②　9,735　　③　10,806　　④　17,666　　⑤　56,658

【問7】〈資料5〉の空欄（　キ　）に当てはまる数値を選びなさい。

①　378,307　　②　378,323　　③　399,131　　④　401,569　　⑤　424,815

【問8】次の文章について，正誤の組み合わせとして正しいものを選びなさい。

（ア）正味運転資本からみると，短期的な資金繰りはX1年度よりもX2年度の方が優れていると判断できる。

（イ）手元流動性比率からみると，短期的な安全性はX1年度よりもX2年度の方が高いと判断できる。

---

①　（ア）正　（イ）正　　　②　（ア）正　（イ）誤

③　（ア）誤　（イ）正　　　④　（ア）誤　（イ）誤

【問9】次の文章の空欄（　ア　）と（　イ　）に当てはまる語句の適切な組み合わせを選びなさい。

・ネットキャッシュは，（　ア　）から有利子負債を差し引いて求められる。

・ネットキャッシュからみると，短期の支払資金の余剰額はX1年度からX2年度にかけて（　イ　）と判断できる。

---

① （ア）当座資産　　（イ）増加した

② （ア）当座資産　　（イ）減少した

③ （ア）手元流動性　（イ）増加した

④ （ア）手元流動性　（イ）減少した

【問10】　次の文章について，正誤の組み合わせとして正しいものを選びなさい。

（ア）X2年度の固定長期適合率は，81.1％である。

（イ）X2年度の固定長期適合率からみると，同業種の平均と比べてA社の長期的な安全性は高いと判断できる。

① （ア）正　（イ）正　　　② （ア）正　（イ）誤

③ （ア）誤　（イ）正　　　④ （ア）誤　（イ）誤

【問11】　次の文章について，正誤の組み合わせとして正しいものを選びなさい。

（ア）X2年度のインタレスト・カバレッジ・レシオは，81.5倍である。

（イ）インタレスト・カバレッジ・レシオからみると，X1年度よりもX2年度の方が金利の支払能力は高いと判断できる。

① （ア）正　（イ）正　　　② （ア）正　（イ）誤

③ （ア）誤　（イ）正　　　④ （ア）誤　（イ）誤

【問12】　次の文章について，正誤の組み合わせとして正しいものを選びなさい。

（ア）X2年度の総資本事業利益率は，7.9％である。

（イ）総資本事業利益率からみると，X1年度よりもX2年度の方が収益性は高いと判断できる。

① （ア）正　（イ）正　　　② （ア）正　（イ）誤

③ （ア）誤　（イ）正　　　④ （ア）誤　（イ）誤

【問13】 次の文章について，正誤の組み合わせとして正しいものを選びなさい。

（ア）売上債権回転期間からみると，X2年度よりもX1年度の方が売上債権を短期間のうちに回収していると判断できる。

（イ）棚卸資産回転率からみると，X2年度よりもX1年度の方が棚卸資産の運用効率は優れていると判断できる。

---

① （ア）正 （イ）正　　② （ア）正 （イ）誤

③ （ア）誤 （イ）正　　④ （ア）誤 （イ）誤

【問14】 次の文章について，正誤の組み合わせとして正しいものを選びなさい。

（ア）ROEを高くするには，自己資本比率を高めればよい。

（イ）ROEからみると，自己資本に関する運用効率はX1年度よりもX2年度の方が良好と判断できる。

---

① （ア）正 （イ）正　　② （ア）正 （イ）誤

③ （ア）誤 （イ）正　　④ （ア）誤 （イ）誤

【問15】 次の文章について，正誤の組み合わせとして正しいものを選びなさい。

（ア）フリー・キャッシュ・フローからみると，X2年度の投資資金は，営業活動によるキャッシュ・フローの範囲でまかなわれている。

（イ）売上高営業利益率と営業キャッシュ・フロー・マージンでみた収益性は，ともにX2年度の方が良好と判断できる。

---

① （ア）正 （イ）正　　② （ア）正 （イ）誤

③ （ア）誤 （イ）正　　④ （ア）誤 （イ）誤

【問16】 次の文章について，正誤の組み合わせとして正しいものを選びなさい。

（ア）X2年度の営業キャッシュ・フロー対流動負債比率は，38.3％である。

（イ）営業キャッシュ・フロー対流動負債比率からみると，X1年度よりもX2年度の方が短期の安全性は高いと判断できる。

①　（ア）正　（イ）正　　　②　（ア）正　（イ）誤

③　（ア）誤　（イ）正　　　④　（ア）誤　（イ）誤

【問17】　次の文章について，正誤の組み合わせとして正しいものを選びなさい。

（ア）損益分岐点売上高は，X1年度よりもX2年度の方が大きい。

（イ）経営安全率からみると，X1年度よりもX2年度の方が，売上高の変動に
　　対する利益確保の余裕があると判断できる。

①　（ア）正　（イ）正　　　②　（ア）正　（イ）誤

③　（ア）誤　（イ）正　　　④　（ア）誤　（イ）誤

【問18】　次の文章について，正誤の組み合わせとして正しいものを選びなさい。

（ア）PERは，X1年度よりもX2年度の方が低い。

（イ）X2年度のPERからみると，同業種の平均と比べてA社の株価は市場で
　　高めに評価されていると判断できる。

①　（ア）正　（イ）正　　　②　（ア）正　（イ）誤

③　（ア）誤　（イ）正　　　④　（ア）誤　（イ）誤

【問19】　次の文章について，正誤の組み合わせとして正しいものを選びなさい。

（ア）時価総額は，資本市場での企業評価指標である。

（イ）時価総額は，X1年度よりもX2年度の方が大きい。

①　（ア）正　（イ）正　　　②　（ア）正　（イ）誤

③　（ア）誤　（イ）正　　　④　（ア）誤　（イ）誤

☞解答・解説156頁

問題10-7　第26回

　A社とB社に関する〈資料1〉から〈資料7〉により，【問1】から【問21】の設問に答えなさい。分析にあたって，連結貸借対照表数値，発行済株式数および株価は期末の数値を用いることとし，純資産を自己資本とみなす。△はマイナスを意味する。なお，計算にあたって端数が出る場合は，選択肢に示されている数値の桁数に応じて四捨五入する。

〈資料1〉連結貸借対照表

（単位：百万円）

	A社	B社
資産の部		
流動資産		
現金及び預金	14,518	13,003
受取手形及び売掛金	2,773	9,768
棚卸資産	5,767	24,089
その他	1,523	7,512
貸倒引当金	△5	△197
流動資産合計	24,576	54,175
固定資産		
有形固定資産		
建物及び構築物	6,758	16,523
機械及び運搬具	409	494
土地	5,015	15,933
その他	1,111	2,599
有形固定資産合計	13,293	35,549
無形固定資産	414	234
投資その他の資産		
投資有価証券	510	1,613
敷金及び保証金	3,960	9,314
繰延税金資産	1,707	2,447
その他	761	2,290
貸倒引当金	△530	△302
投資その他の資産合計	6,408	15,362
固定資産合計	20,115	51,145
資産合計	44,691	105,320

111

	A社	B社
負債の部		
流動負債		
支払手形及び買掛金	6,131	10,246
短期借入金	7,456	83
未払法人税等	1,317	1,969
その他	4,630	8,435
流動負債合計	19,534	20,733
固定負債		
長期借入金	1,348	328
退職給付に係る負債	615	147
その他	3,691	5,172
固定負債合計	5,654	5,647
負債合計	25,188	26,380
純資産の部		
株主資本		
資本金	1,785	15,072
資本剰余金	2,905	10,394
利益剰余金	16,137	57,138
自己株式	△725	△2,250
株主資本合計	20,102	80,354
その他の包括利益累計額	△634	△1,562
非支配株主持分	34	148
純資産合計	19,502	78,940
負債純資産合計	44,691	105,320

〈資料２〉連結損益計算書　　　　　　　　　　　　（単位：百万円）

	A社	B社
売上高	122,502	139,200
売上原価	90,269	85,579
売上総利益	32,233	53,621
販売費及び一般管理費	27,216	44,038
営業利益	5,017	9,583
営業外収益		
受取利息及び配当金	22	69
持分法による投資利益	−	63
その他	383	1,328
営業外収益合計	405	1,460
営業外費用		
支払利息	70	18
その他	333	39
営業外費用合計	403	57
経常利益	5,019	10,986
特別利益		
固定資産売却益	164	1
その他	149	1
特別利益合計	313	2
特別損失		
固定資産売却損	−	29
減損損失	261	336
投資有価証券評価損	（　ア　　）	−
その他	（　　　　）	100
特別損失合計	435	466
税金等調整前当期純利益	4,897	10,522
法人税，住民税及び事業税	1,918	3,418
法人税等調整額	△122	△230
法人税等合計	1,796	3,188
当期純利益	3,101	7,334
非支配株主に帰属する当期純利益	60	5
親会社株主に帰属する当期純利益	3,041	7,329

〈資料3〉 連結包括利益計算書 （単位：百万円）

	A社	B社
（　　　　　　　　　　　　　）	（　イ　　　　）	（　　　　　　）
その他の包括利益	△166	△190
包括利益	（　　　　　）	（　　　　　）
（内訳）		
親会社株主に係る包括利益	（　　　　　）	7,138
非支配株主に係る包括利益	60	（　　　　）

〈資料4〉 B社の連結株主資本等変動計算書（株主資本のみ抜粋） （単位：百万円）

	資本金	資本剰余金	利益剰余金	自己株式	株主資本合計
当期首残高	（　　　）	（　　　　）	（　　　　）	（　　　）	74,616
当期変動額					
剰余金の配当			△1,591		△1,591
（　　　　　）			（　ウ　　）		（　　　）
当期変動額合計	－	－	（　　　）	－	（　　　）
当期末残高	（　　　）	（　エ　　）	（　　　）	（　　　）	（　　　）

（注）毎期末において未払の配当金はない。

114

〈資料5〉連結キャッシュ・フロー計算書　　　　　　　　　（単位：百万円）

	A社	B社
営業活動によるキャッシュ・フロー		
（　　　　　　　　　　）	（　　　　　）	（ オ　　　）
減価償却費	1,673	2,311
減損損失	（ カ　　）	336
貸倒引当金の増減額	67	△168
退職給付に係る負債の増減額	11	△76
受取利息及び受取配当金	（　　　　）	（　　　　）
支払利息	（　　　　）	（　　　　）
持分法による投資損益	－	（　　　　）
固定資産売却損益	（　　　　）	（　　　　）
投資有価証券評価損	55	－
売上債権の増減額	△57	173
棚卸資産の増減額	48	400
仕入債務の増減額	△24	△323
その他	（　　　　）	（　　　　）
小計	7,127	14,418
利息及び配当金の受取額	22	73
利息の支払額	△64	△14
法人税等の支払額	△1,345	△3,902
営業活動によるキャッシュ・フロー	5,740	10,575
投資活動によるキャッシュ・フロー		
固定資産の取得による支出	△1,384	△4,203
固定資産の売却による収入	407	33
投資有価証券の取得による支出	△351	△7
その他	△373	910
投資活動によるキャッシュ・フロー	△1,701	△3,266
財務活動によるキャッシュ・フロー		
短期借入金の純増減額	1,875	－
長期借入れによる収入	1,357	－
長期借入金の返済による支出	△2,861	（　　　　）
配当金の支払額	△918	（ キ　　）
その他	△256	△3
財務活動によるキャッシュ・フロー	△803	△1,719
現金及び現金同等物に係る換算差額	2	△1
現金及び現金同等物の増減額	3,238	5,589
現金及び現金同等物の期首残高	（　　　　）	（　　　　）
現金及び現金同等物の期末残高	（ ク　　）	（　　　　）

115

〈資料6〉 注記事項

（連結キャッシュ・フロー計算書関係）

現金及び現金同等物の期末残高と連結貸借対照表に掲記されている科目の金額との関係

（単位：百万円）

	A社		B社	
（ ）	（	）	（	）
預入期間が3カ月を超える定期預金		△100		△24
現金及び現金同等物	（	）	（	）

（A社のセグメント情報）

（単位：百万円）

	甲事業	乙事業	その他	調整額	（ ）
売上高					
外部顧客への売上高	37,961	80,012	4,529	－	（ ）
セグメント間の内部売上高又は振替高	4	49	44	（ ）	（ ）
計	37,965	80,061	4,573	（ ）	（ ケ ）
セグメント利益	1,983	2,972	41	21	5,017
セグメント資産	20,162	17,593	4,267	（ ）	（ ）
その他の項目					
減価償却費	596	721	291	（ ）	1,673
減損損失	71	85	105	（ ）	（ ）
有形固定資産及び無形固定資産の増加額	460	649	509	54	1,672

〈資料7〉 その他のデータ

	A社	B社
発行済株式数（百万株）	12	46
株価（円）	2,600	2,400

〈分析にあたっての留意事項〉

　①A社，B社ともに，流動資産としての有価証券は保有していない。

　②A社，B社ともに，社債は発行していない。

【問１】 〈資料２〉の空欄（　ア　）に当てはまる数値を選びなさい。

① 50　　② 55　　③ 66　　④ 166　　⑤ 174

【問２】 〈資料３〉の空欄（　イ　）に当てはまる数値を選びなさい。

① 2,981　　② 3,041　　③ 3,101　　④ 4,897　　⑤ 5,019

【問３】 〈資料４〉の空欄（　ウ　）に当てはまる数値を選びなさい。

① 7,138　　② 7,144　　③ 7,329　　④ 7,334　　⑤ 10,522

【問４】 〈資料４〉の空欄（　エ　）に当てはまる数値を選びなさい。

① 7,138　　② 7,334　　③ 10,394　　④ 10,522　　⑤ 10,532

【問５】 〈資料５〉の空欄（　オ　）に当てはまる数値を選びなさい。

① 7,329　　② 7,334　　③ 9,583　　④ 10,522　　⑤ 10,986

【問６】 〈資料５〉の空欄（　カ　）に当てはまる数値を選びなさい。

① △378　　② △309　　③ △261　　④ 261　　⑤ 378

【問７】 〈資料５〉の空欄（　キ　）に当てはまる数値を選びなさい。

① △1,591　　② △1,569　　③ △1,542　　④ 1,569　　⑤ 1,591

【問８】 〈資料５〉の空欄（　ク　）に当てはまる数値を選びなさい。

① 14,418　　② 14,494　　③ 15,023　　④ 15,028　　⑤ 17,291

【問９】 〈資料６〉の空欄（　ケ　）に当てはまる数値を選びなさい。

① 118,028　　② 122,403　　③ 122,495　　④ 122,502　　⑤ 122,600

【問10】 次の文章について，正誤の組み合わせとして正しいものを選びなさい。

（ア）流動比率からみると，短期的な支払能力はＡ社の方が優れていると判断できる。

（イ）手元流動性比率からみると，短期的な資金繰りはＡ社の方が余裕があると判断できる。

---

① （ア）正　（イ）正　　　② （ア）正　（イ）誤

③ （ア）誤　（イ）正　　　④ （ア）誤　（イ）誤

【問11】 次の文章について，正誤の組み合わせとして正しいものを選びなさい。

（ア）ネットキャッシュの値は，マイナスにはならない。

（イ）ネットキャッシュは，A社の方が多い。

① （ア）正 （イ）正　　② （ア）正 （イ）誤
③ （ア）誤 （イ）正　　④ （ア）誤 （イ）誤

【問12】 次の文章について，正誤の組み合わせとして正しいものを選びなさい。

（ア）A社の固定長期適合率は，103.1％である。

（イ）固定長期適合率からみると，長期資金の調達と運用のバランスはA社の方が良いと判断できる。

① （ア）正 （イ）正　　② （ア）正 （イ）誤
③ （ア）誤 （イ）正　　④ （ア）誤 （イ）誤

【問13】 次の文章について，正誤の組み合わせとして正しいものを選びなさい。

（ア）負債比率が高まれば，財務レバレッジは高くなる。

（イ）負債比率からみると，A社の方が借入れに対する依存度が低く，長期的な安全性は高いと判断できる。

① （ア）正 （イ）正　　② （ア）正 （イ）誤
③ （ア）誤 （イ）正　　④ （ア）誤 （イ）誤

【問14】 次の文章について，正誤の組み合わせとして正しいものを選びなさい。

（ア）インタレスト・カバレッジ・レシオは，1倍を下回ることもある。

（イ）インタレスト・カバレッジ・レシオからみると，金利の支払能力はA社の方が高いと判断できる。

① （ア）正 （イ）正　　② （ア）正 （イ）誤
③ （ア）誤 （イ）正　　④ （ア）誤 （イ）誤

【問15】 次の文章について，正誤の組み合わせとして正しいものを選びなさい。

（ア）売上債権回転期間からみると，A社の方が売上債権を短期間のうちに回収していると判断できる。

（イ）棚卸資産回転率からみると，A社の方が棚卸資産の在庫管理は優れていると判断できる。

① （ア）正 （イ）正 　　② （ア）正 （イ）誤
③ （ア）誤 （イ）正 　　④ （ア）誤 （イ）誤

【問16】 次の文章について，正誤の組み合わせとして正しいものを選びなさい。

（ア）キャッシュ・コンバージョン・サイクルを求める算式は，「売上債権回転期間－棚卸資産回転期間－仕入債務回転期間」である。

（イ）キャッシュ・コンバージョン・サイクルからみると，A社の方が資金収支の効率性は高いと判断できる。

① （ア）正 （イ）正 　　② （ア）正 （イ）誤
③ （ア）誤 （イ）正 　　④ （ア）誤 （イ）誤

【問17】 次の文章について，正誤の組み合わせとして正しいものを選びなさい。

（ア）総資本事業利益率は，A社の方が良い。

（イ）A社のROEがB社よりも良好である要因は，売上高当期純利益率はB社の方が高いものの，総資本回転率と財務レバレッジはA社の方が高いことによる。

① （ア）正 （イ）正 　　② （ア）正 （イ）誤
③ （ア）誤 （イ）正 　　④ （ア）誤 （イ）誤

【問18】　次の文章について，正誤の組み合わせとして正しいものを選びなさい。

（ア）営業キャッシュ・フロー・マージンからみると，キャッシュ・フローにもとづく収益性はA社の方が優れていると判断できる。

（イ）自己資本営業キャッシュ・フロー比率からみると，自己資本に対する現金創出能力はA社の方が優れていると判断できる。

①　（ア）正　（イ）正　　　②　（ア）正　（イ）誤
③　（ア）誤　（イ）正　　　④　（ア）誤　（イ）誤

【問19】　次の文章について，正誤の組み合わせとして正しいものを選びなさい。なお，変動費に該当する費用は売上原価のみであり，損益分岐点分析に用いる利益は営業利益とする。

（ア）損益分岐点は，A社の方が高い。

（イ）経営安全率からみると，A社の方が売上高の変動に対する利益確保の余裕があると判断できる。

①　（ア）正　（イ）正　　　②　（ア）正　（イ）誤
③　（ア）誤　（イ）正　　　④　（ア）誤　（イ）誤

【問20】　次の文章について，正誤の組み合わせとして正しいものを選びなさい。

（ア）株式益回りは，PERの逆数である。

（イ）株式益回りからみると，A社の方が株主の投資額に対する帰属利益の割合が高いと判断できる。

①　（ア）正　（イ）正　　　②　（ア）正　（イ）誤
③　（ア）誤　（イ）正　　　④　（ア）誤　（イ）誤

【問21】 次の文章について，正誤の組み合わせとして正しいものを選びなさい。

（ア）時価総額の大きな企業は，小さな企業より企業買収の対象になりやすいといわれる。

（イ）時価総額からみると，Ａ社の方が資本市場での企業評価額が高いと判断できる。

① （ア）正 （イ）正　　　② （ア）正 （イ）誤
③ （ア）誤 （イ）正　　　④ （ア）誤 （イ）誤

☞解答・解説160頁

問題10－8　第25回

Ａ社とＢ社に関する〈資料１〉から〈資料７〉により，【問１】から【問17】の設問に答えなさい。分析にあたって，連結貸借対照表数値は期末の数値を用いることとし，純資産を自己資本とみなす。△はマイナスを意味する。計算にあたって端数が出る場合は，選択肢に示されている数値の桁数に応じて四捨五入するものとする。

〈資料１〉連結貸借対照表　　　　　　　　　　　　　　　（単位：百万円）

	Ａ社	Ｂ社
資産の部		
流動資産		
現金及び預金	134,200	20,200
受取手形及び売掛金	32,900	3,200
有価証券	23,600	－
棚卸資産	38,700	500
その他	39,000	1,500
貸倒引当金	△1,500	△100
流動資産合計	266,900	25,300

121

固定資産		
有形固定資産		
建物及び構築物	29,000	10,800
土地	34,800	13,500
リース資産	67,200	－
その他	8,400	900
有形固定資産合計	139,400	25,200
無形固定資産		
ソフトウェア	24,800	1,100
その他	11,900	700
無形固定資産合計	36,700	1,800
投資その他の資産		
投資有価証券	14,100	8,100
長期貸付金	4,200	800
繰延税金資産	4,900	800
その他	30,500	5,800
貸倒引当金	△100	△100
投資その他の資産合計	53,600	15,400
固定資産合計	229,700	42,400
資産合計	496,600	67,700

	A社	B社
負債の部		
流動負債		
支払手形及び買掛金	17,000	400
1年内返済予定の長期借入金	( )	500
リース債務	( )	-
未払金	25,000	4,300
未払法人税等	5,800	1,400
前受金	87,300	4,500
賞与引当金	7,100	500
その他	12,300	5,600
流動負債合計	161,600	17,200
固定負債		
社債	-	20,800
長期借入金	( )	8,700
リース債務	(ア)	-
繰延税金負債	500	-
退職給付に係る負債	7,400	1,600
その他	48,000	2,200
固定負債合計	159,900	33,300
負債合計	321,500	50,500
純資産の部		
株主資本		
資本金	13,600	2,100
資本剰余金	29,600	2,100
利益剰余金	154,200	16,200
自己株式	△21,400	△4,300
株主資本合計	176,000	16,100
その他の包括利益累計額	△4,900	600
非支配株主持分	4,000	500
純資産合計	175,100	17,200
負債純資産合計	496,600	67,700

〈資料２〉 連結損益計算書　　　　　　　　　　　　　　　　（単位：百万円）

	A社	B社
売上高	446,500	46,000
売上原価	250,000	31,300
売上総利益	196,500	14,700
販売費及び一般管理費	（　　　　　）	9,600
営業利益	（　イ　　）	5,100
営業外収益		
受取利息及び受取配当金	600	100
持分法による投資利益	200	－
その他	（　　　　　）	110
営業外収益合計	（　　　　　）	210
営業外費用		
支払利息（社債利息を含む）	4,400	450
その他	1,200	160
営業外費用合計	5,600	610
経常利益	21,200	4,700
特別利益		
固定資産売却益	100	100
その他	600	0
特別利益合計	700	100
特別損失		
固定資産売却損	100	170
減損損失	（　ウ　　）	300
その他	（　　　　　）	30
特別損失合計	1,200	500
税金等調整前当期純利益	20,700	4,300
法人税，住民税及び事業税	8,100	1,800
法人税等調整額	△500	△100
法人税等合計	7,600	1,700
当期純利益	13,100	2,600
非支配株主に帰属する当期純利益	800	50
親会社株主に帰属する当期純利益	12,300	2,550

〈資料3〉 連結包括利益計算書 　　　　　　　　　　　　　　　　（単位：百万円）

	A社	B社
（　　　　　　　　　　　　　　）	（　　　　　）	（　　　　　）
その他の包括利益	（　　　　　）	（ エ　　　）
包括利益	12,200	3,000
（内訳）		
親会社株主に係る包括利益	11,500	2,900
非支配株主に係る包括利益	700	100

〈資料4〉 A社の連結株主資本等変動計算書（抜粋）　　　　　（単位：百万円）

	株主資本				
	資本金	資本剰余金	利益剰余金	自己株式	株主資本合計
当期首残高	13,600	29,600	（　　　　）	△21,800	（　　　　）
当期変動額					
剰余金の配当			△9,100		△9,100
（　　　　　　　）			（ オ　　）		（　　　　）
自己株式の処分				400	400
当期変動額合計			（　　　　）	400	（　　　　）
当期末残高	13,600	29,600	154,200	△21,400	176,000

125

〈資料5〉 連結キャッシュ・フロー計算書　　　　　　　　　（単位：百万円）

	A社	B社
営業活動によるキャッシュ・フロー		
（　　　　　　　　　　　　　　　）	（　　　　）	（　　　　）
減価償却費	20,100	2,000
減損損失	（　　　　）	（　　　　）
引当金の増減額	1,100	200
固定資産除売却損益	0	70
受取利息及び受取配当金	（　カ　　）	（　　　　）
支払利息	（　　　　）	（　　　　）
売上債権の増減額	△2,400	△200
棚卸資産の増減額	△4,600	100
仕入債務の増減額	400	400
その他	（　　　　）	（　　　　）
小計	37,100	7,400
利息及び配当金の受取額	700	90
利息の支払額	△4,500	△400
法人税等の支払額	△6,900	△1,990
営業活動によるキャッシュ・フロー	26,400	5,100
投資活動によるキャッシュ・フロー		
有価証券の取得による支出	△34,000	－
有価証券の売却による収入	40,200	－
有形固定資産の取得による支出	△6,200	△900
有形固定資産の売却による収入	200	500
投資有価証券の取得による支出	△500	△600
投資有価証券の売却による収入	1,100	100
その他	4,700	△2,000
投資活動によるキャッシュ・フロー	5,500	△2,900
財務活動によるキャッシュ・フロー		
長期借入れによる収入	－	1,000
長期借入金の返済による支出	－	△500
配当金の支払額	△9,200	△1,200
非支配株主への配当金の支払額	△1,500	△100
リース債務の返済による支出	△2,200	△100
その他	400	700
財務活動によるキャッシュ・フロー	△12,500	△200
現金及び現金同等物に係る換算差額	△100	△50
現金及び現金同等物の増減額	19,300	1,950
現金及び現金同等物の期首残高	119,000	15,650
現金及び現金同等物の期末残高	138,300	17,600

〈資料6〉　A社の注記事項（抜粋）（金額単位：百万円）
（連結キャッシュ・フロー計算書関係）
　現金及び現金同等物の期末残高と連結貸借対照表に掲記されている科目の金額との関係

現金及び預金勘定	（　　　　　）
有価証券勘定	（　　　　　）
預入期間が3カ月を超える定期預金	（　キ　　　）
現金及び現金同等物	138,300

（セグメント情報）

	報告セグメント			その他	合計	調整額	連結財務諸表計上額
	a部門	b部門	計				
売上高 　外部顧客への 　売上高	234,200	168,900	403,100	（　　　）	（　　　）	－	（　ク　　）
セグメント間 　の内部売上高 　又は振替高	400	1,900	2,300	（　　　）	25,900	△25,900	－
計	234,600	170,800	405,400	（　　　）	（　　　）	（　　　）	（　　　）
セグメント利益	19,100	9,000	28,100	1,900	30,000	△5,400	24,600
セグメント資産	205,900	197,900	403,800	20,500	423,300	72,300	496,600
その他の項目 　減価償却費	10,900	6,600	17,500	1,600	19,100	1,000	20,100
減損損失	700	－	700	200	900	－	900
有形固定資産 　及び無形固定 　資産の増加額	8,300	10,400	18,700	700	19,400	0	19,400

127

〈資料7〉 A社の借入金等明細表（抜粋）

区分	当期首残高 （百万円）	当期末残高 （百万円）
短期借入金	（省略）	－
1年以内に返済予定の長期借入金		5,000
1年以内に返済予定のリース債務		2,100
長期借入金（1年以内に返済予定のものを除く）		32,800
リース債務（1年以内に返済予定のものを除く）		71,200
その他の有利子負債		－
合計		111,100

〈分析にあたっての留意事項〉

① 変動費に該当する費用は売上原価のみであり，損益分岐点分析は営業利益レベルで行う。

② 当座資産は，流動資産から棚卸資産を控除した額とする。

③ A社は，報告セグメントの利益として営業利益を採用している。

④ A社の有価証券勘定の金額は，すべて取得日から3カ月以内に償還期限の到来する短期投資に該当する。

⑤ B社に持分法適用会社はない。

【問1】 〈資料1〉の空欄（　ア　）に当てはまる数値を選びなさい。

① 64,000　② 71,200　③ 73,300　④ 75,500　⑤ 104,000

【問2】 〈資料2〉の空欄（　イ　）に当てはまる数値を選びなさい。

① 19,000　② 23,400　③ 24,600　④ 29,100　⑤ 30,000

【問3】 〈資料2〉の空欄（　ウ　）に当てはまる数値を選びなさい。

① 500　② 700　③ 800　④ 900　⑤ 1,000

【問4】 〈資料3〉の空欄（　エ　）に当てはまる数値を選びなさい。

① 400　② 450　③ 600　④ 2,550　⑤ 2,600

【問5】 〈資料4〉の空欄（　オ　）に当てはまる数値を選びなさい。

① 11,500　② 12,200　③ 12,300　④ 13,100　⑤ 20,700

【問6】 〈資料5〉の空欄（　カ　）に当てはまる数値を選びなさい。

① △700　　② △600　　③ 100　　④ 600　　⑤ 700

【問7】 〈資料6〉の空欄（　キ　）に当てはまる数値を選びなさい。

① △33,600　　② △22,300　　③ △19,500　　④ △15,200

⑤ △10,000

【問8】 〈資料6〉の空欄（　ク　）に当てはまる数値を選びなさい。

① 403,100　　② 405,400　　③ 408,600　　④ 446,500　　⑤ 460,400

【問9】 次の文章について，正誤の組み合わせとして正しいものを選びなさい。

（ア）流動比率からみると，短期的な支払能力はA社の方がB社よりも高い
　　　と判断できる。

（イ）当座比率からみると，短期的な支払能力はA社の方がB社よりも高い
　　　と判断できる。

---

① （ア）正　（イ）正　　　② （ア）正　（イ）誤

③ （ア）誤　（イ）正　　　④ （ア）誤　（イ）誤

【問10】 次の文章について，正誤の組み合わせとして正しいものを選びなさい。

（ア）ネットキャッシュは，マイナスの値になることもある。

（イ）A社のネットキャッシュは，46,700百万円である。

---

① （ア）正　（イ）正　　　② （ア）正　（イ）誤

③ （ア）誤　（イ）正　　　④ （ア）誤　（イ）誤

【問11】 次の文章について，正誤の組み合わせとして正しいものを選びなさい。

（ア）A社，B社ともに，固定長期適合率は100％を下回っている。

（イ）固定長期適合率からみると，長期の安全性はB社の方がA社よりも高
　　　いと判断できる。

---

① （ア）正　（イ）正　　　② （ア）正　（イ）誤

③ （ア）誤　（イ）正　　　④ （ア）誤　（イ）誤

【問12】 次の文章について，正誤の組み合わせとして正しいものを選びなさい。

(ア) 自己資本比率からみると，B社の方がA社よりも長期的な財務の安全性は高いと判断できる。

(イ) インタレスト・カバレッジ・レシオからみると，B社の方がA社よりも金利の支払能力は高いと判断できる。

① (ア) 正 (イ) 正　　② (ア) 正 (イ) 誤

③ (ア) 誤 (イ) 正　　④ (ア) 誤 (イ) 誤

【問13】 次の文章について，正誤の組み合わせとして正しいものを選びなさい。

(ア) 総資本経常利益率は，売上高経常利益率，総資本回転率と財務レバレッジに分解できる。

(イ) 総資本経常利益率からみると，収益性はB社の方がA社よりも高い。

① (ア) 正 (イ) 正　　② (ア) 正 (イ) 誤

③ (ア) 誤 (イ) 正　　④ (ア) 誤 (イ) 誤

【問14】 次の文章について，正誤の組み合わせとして正しいものを選びなさい。

(ア) 仕入債務回転期間からみると，B社の方がA社よりも仕入債務を短期間のうちに弁済していると判断できる。

(イ) 棚卸資産回転率からみると，B社の方がA社よりも棚卸資産の運用効率が高いと判断できる。

① (ア) 正 (イ) 正　　② (ア) 正 (イ) 誤

③ (ア) 誤 (イ) 正　　④ (ア) 誤 (イ) 誤

【問15】 次の文章について，正誤の組み合わせとして正しいものを選びなさい。

(ア) 財務レバレッジを高めることは，ROEの低下要因である。

(イ) ROEからみると，自己資本に関する運用効率はA社の方がB社よりも良好と判断できる。

130

① （ア）正　（イ）正　　　② （ア）正　（イ）誤

③ （ア）誤　（イ）正　　　④ （ア）誤　（イ）誤

【問16】　次の文章について，正誤の組み合わせとして正しいものを選びなさい。

（ア）　B社の営業キャッシュ・フロー・マージンは，29.0％である。

（イ）　営業キャッシュ・フロー・マージンからみると，A社の方がB社より

　　　もキャッシュ・フローにもとづく収益性は良好と判断できる。

---

① （ア）正　（イ）正　　　② （ア）正　（イ）誤

③ （ア）誤　（イ）正　　　④ （ア）誤　（イ）誤

【問17】　次の文章について，正誤の組み合わせとして正しいものを選びなさい。

（ア）　限界利益率は，A社の方がB社よりも高い。

（イ）　経営安全率からみると，A社の方がB社よりも売上高の変動に対する

　　　利益確保の余裕があると判断できる。

---

① （ア）正　（イ）正　　　② （ア）正　（イ）誤

③ （ア）誤　（イ）正　　　④ （ア）誤　（イ）誤

☞解答・解説164頁

解答・解説

第1章　企業会計の意義と制度

問題1－1　④

⋯▶ ［テキスト］第1章第2節❶参照

問題1－2　②

ア，エが正しい。

イ．有価証券報告書および内部統制報告書は事業年度終了後3カ月以内に，四半期報告書は原則として各四半期終了後45日以内に提出しなければなりません。

⋯▶ ［テキスト］第1章第2節❶参照

問題1－3　④

ア，イ，エ，オが該当します。

⋯▶ ［テキスト］第1章第2節❶参照

問題1－4　③

⋯▶ ［テキスト］第1章第2節❷参照

問題1－5　③

（ア）会社法の規定では，四半期ごとの作成義務はありません。

⋯▶ ［テキスト］第1章第2節❷参照

問題1－6　④

（ア）連結財務諸表提出会社が決算短信において（個別）財務諸表を開示するのは任意とされています。

⋯▶ ［テキスト］第1章第2節❸参照

第2章　財務諸表

問題2－1　②

⋯▶ ［テキスト］第2章第1節❷，第4節

問題2－2　③

（ア）第2四半期の四半期連結損益計算書には，期首からの累計情報の記載が求められます。

⋯▶ ［テキスト］第2章第1節❶❷参照

問題2－3　①

⋯▶ ［テキスト］第2章第2節❶参照

問題2－4　②

アは取締役の過半数の派遣により，エは議決権を行使しない株主の存在により，実

133

質的に他の会社の意思決定機関を支配している事実が認められるため，Ｐ社の子会社
に該当します。

⋯▷［テキスト］第２章第２節❶参照

問題2－5　　④

（イ）関連会社がなくても非連結子会社があれば，持分法が適用されて持分法によ
　　　る投資損益が計上されることがあります。

⋯▷［テキスト］第２章第３節❶❷参照

問題2－6　　②

Ａ社の持分法による投資利益90＝Ｂ社の当期純利益150×Ａ社の所有割合0.6（60％）

⋯▷［テキスト］第２章第３節❷参照

問題2－7　　②

為替換算調整勘定と非支配株主持分が，連結財務諸表に特有の項目です。

⋯▷［テキスト］第２章第４節参照

問題2－8　　①

⋯▷［テキスト］第２章第３節❶・第４節参照

第３章　貸借対照表

問題3－1　　②

（イ）再調達原価の説明です。

⋯▷［テキスト］第３章第２節❷参照

問題3－2　　①

割引率４％での２年後の10,000円の現在価値9,246円＝$\dfrac{10,000}{1.04^2}$

⋯▷［テキスト］第３章第２節❷参照

問題3－3　　②

⋯▷［テキスト］第３章第２節❸コラム参照

問題3－4　　②

投資有価証券2,850＝子会社株式800＋満期保有目的の債券930＋その他有価証券1,120

⋯▷［テキスト］第３章第２節❸参照

問題3－5　　④

（イ）リース資産の貸借対照表価額は，リース契約締結時に合意されたリース料総額
　　　から，これに含まれている利息相当額の合理的な見積額を控除した価額です。

⋯▷［テキスト］第３章第２節❹参照

問題3－6　　②

（イ）総平均法の説明です。

⋯▷［テキスト］第３章第２節❸参照

134

問題 3 - 7　③
　（ア）定率法による減価償却費＝（取得原価－減価償却累計額）×償却率
　　　⋯▷ ［テキスト］第 3 章第 2 節❹参照

問題 3 - 8　③
　　　⋯▷ ［テキスト］第 3 章第 2 節❹参照

問題 3 - 9　②
　（イ）　公共施設等運営権は，無形固定資産に含まれます。
　　　⋯▷ ［テキスト］第 3 章第 2 節❹参照

問題 3 - 10　③
　イ（株式交付費），ウ（開業費），エ（開発費）が該当します。
　　　⋯▷ ［テキスト］第 3 章第 2 節❺参照

問題 3 - 11　③

$$社債の貸借対照表価額780 = 760 + \frac{800 - 760}{2（年）}$$

　　　⋯▷ ［テキスト］第 3 章第 2 節❸・第 3 節❷参照

問題 3 - 12　⑤
　　　⋯▷ ［テキスト］第 3 章第 3 節❷コラム参照

問題 3 - 13　②
　（イ）資産除去債務の貸借対照表価額は，資産除去債務発生時において除去に要す
　　　ると予想される将来キャッシュ・フローを，現在価値に割り引いた金額です。
　　　⋯▷ ［テキスト］第 3 章第 2 節❸コラム・第 3 節❸参照

問題 3 - 14　①
　　　⋯▷ ［テキスト］第 3 章第 3 節❸

問題 3 - 15　①
　　　⋯▷ ［テキスト］第 3 章第 3 節❸コラム参照

問題 3 - 16　①
　　　⋯▷ ［テキスト］第 3 章第 4 節❷参照

問題 3 - 17　④
　（ア）連結貸借対照表上，任意積立金は利益剰余金に含まれます。
　（イ）連結貸借対照表上，自己株式処分差益は資本剰余金に含まれます。
　　　⋯▷ ［テキスト］第 3 章第 4 節❷参照

問題 3 - 18　③
　　　⋯▷ ［テキスト］第 3 章第 4 節❷参照

問題 3 - 19　③
　（ア）新株予約権は株主資本の構成項目ではありません。
　　　⋯▷ ［テキスト］第 3 章第 4 節❸❹参照

第4章　損益計算書

問題4-1　①
···▷ ［テキスト］第4章第1節・第2節❷参照

問題4-2　④
（ア）実現主義の原則の説明です。
（イ）収益と費用を相殺すると，事業の規模やその内容がわからなくなるため，それぞれ総額で記載しなければなりません。
···▷ ［テキスト］第4章第2節❶❷参照

問題4-3　①
···▷ ［テキスト］第4章第3節❸参照

問題4-4　④
当期製品製造原価20,900＝仕掛品期首棚卸高3,400＋当期総製造費用21,100（材料費8,300＋労務費7,700＋間接費5,100）－仕掛品期末棚卸高3,600
売上総利益6,700＝売上高28,000－売上原価21,300（製品期首棚卸高4,600＋当期製品製造原価20,900－製品期末棚卸高4,200）
···▷ ［テキスト］第4章第3節❶❷❸参照

問題4-5　③
（ア）製造業における当期製品製造原価は，当期総製造費用に仕掛品期首棚卸高を加算し，そこから仕掛品期末棚卸高を差し引いて求められる。
···▷ ［テキスト］第4章第3節❸参照

問題4-6　⑤
···▷ ［テキスト］第4章第4節❷参照

問題4-7　③
以下のような損益計算書（部分）になります。

売上高		40,000
売上原価	※1	19,000
売上総利益		21,000
販売費及び一般管理費	※2	14,000
営業利益		7,000

※1　期首商品棚卸高1,500＋当期商品仕入高20,000－期末商品棚卸高2,500

※2　給料6,000＋賞与2,000＋広告宣伝費3,000＋減価償却費3,000

···▷ ［テキスト］第4章第3節❸・第4節❷参照

問題4-8　④
①営業利益，②当期純利益，③売上総利益の説明です。
···▷ ［テキスト］第4章第5節❶参照

問題4-9　③
（ア）為替差益の説明で，営業外収益に該当します。
···▷ ［テキスト］第4章第5節❷参照

136

問題4−10 ③

　イ（持分法による投資損失），ウ（有価証券評価損），エ（有価証券売却損）が該当します。

　　　…▷［テキスト］第4章第5節❸参照

問題4−11 ②

　ア（減損損失），エ（投資有価証券売却損）が該当します。

　　　…▷［テキスト］第4章第6節❸参照

問題4−12 ②

　ア，ウが該当します。

　　　…▷［テキスト］第4章第6節❸参照

問題4−13 ①

　　　…▷［テキスト］第4章第7節❸参照

問題4−14 ②

・総資産経常利益率8.2% ＝ $\dfrac{\text{経常利益}}{\text{総資産20,000}}$ ×100より，経常利益1,640

・以下のような連結損益計算書（部分）になります。

経常利益	1,640	
特別利益	30	負ののれん発生益30
特別損失	180	減損損失20＋投資有価証券評価損160
税金等調整前当期純利益	1,490	

　　　…▷［テキスト］第4章第6節，第9章第4節❷参照

問題4−15 ①

　　　…▷［テキスト］第4章第7節コラム参照

解答・解説

137

第5章　連結包括利益計算書

問題5－1　　①
　…▷ ［テキスト］第5章第2節❶❸参照

問題5－2　　②
　…▷ ［テキスト］第5章第2節❷❸参照

問題5－3　　②
　ウ，エが該当します。
　…▷ ［テキスト］第5章第2節❸参照

問題5－4　　④
　（ア）当期純利益にその他の包括利益を加算して，包括利益が表示されます。
　（イ）包括利益の内訳は，1計算書方式・2計算書方式のどちらでも表示されます。
　…▷ ［テキスト］第5章第2節❷・第3節❷参照

問題5－5　　③
　…▷ ［テキスト］第5章第3節❷参照

第6章　株主資本等変動計算書

問題6－1　　①
　…▷ ［テキスト］第6章第1節・第2節参照

問題6－2　　②
　（イ）自己株式の取得および処分は，相殺せずに変動事由（取得・処分）ごとに表
　　　示します。
　…▷ ［テキスト］第6章第3節参照

問題6－3　　③
　イ，エ，オが該当します。
　…▷ ［テキスト］第6章第3節参照

問題6－4　　①
　株主資本の当期変動額2,540＝新株の発行30－自己株式の取得90－剰余金の配当
1,400＋利益準備金の積立140＋親会社株主に帰属する当期純利益3,860
　…▷ ［テキスト］第6章第3節参照

第7章 連結キャッシュ・フロー計算書

問題7-1 ③

当座預金，通知預金が該当します。

　⋯⟩［テキスト］第7章第2節❶参照

問題7-2 ④

（ア）現金及び現金同等物とは，容易に換金可能であり，かつ，価値の変動につい
　　てわずかなリスクしか負わない短期の投資をいいます。

（イ）普通預金は，キャッシュ・フロー計算書においては，現金に含まれます。

　⋯⟩［テキスト］第7章第2節❶❷参照

問題7-3 ③

イ，ウが正しい。

ア．配当金の支出は，財務活動によるキャッシュ・フローの区分に表示されます。

エ．法人税等の支出は，営業活動によるキャッシュ・フローの区分に表示されま
　　す。

　⋯⟩［テキスト］　第7章第4節❸参照

問題7-4 ⑤

営業活動によるキャッシュ・フロー2,300＝税金等調整前当期純利益3,100＋減価償
却費600－売上債権の増加額200＋棚卸資産の減少額300－法人税等の支払額1,500

　⋯⟩［テキスト］第7章第5節参照

問題7-5 ①

イが該当します。

　⋯⟩［テキスト］第7章第5節参照

問題7-6 ②

イ，ウが該当します。ア，エは現金及び現金同等物内での振替のためキャッシュ・
フロー計算書に表示されません。オは財務活動によるキャッシュ・フローの区分に表
示されます。

　⋯⟩［テキスト］第7章第6節参照

問題7-7 ③

（ア）現金同等物の範囲に含まれている有価証券の取得および売却によるキャッ
　　シュの変動は，キャッシュ・フロー計算書に表示されません。

　⋯⟩［テキスト］第7章第6節参照

問題7-8 ②

ウ，オが該当します。

　⋯⟩［テキスト］第7章第7節参照

問題7-9 ④

（ア）いずれの方法を採用しても，営業活動によるキャッシュ・フローの金額は同
　　じです。

（イ）営業活動から生み出したキャッシュと財務活動により調達したキャッシュ
を，投資活動に投入していると判断できます。
　⋯▷［テキスト］第7章第4節❶・第8節参照

問題7 -10　　④
（ア）投資活動に必要な資金のうち，営業活動によるキャッシュ・フローでは不足
する部分を財務活動で補っていると判断できます。
（イ）営業活動により生じた資金を，投資活動で運用するとともに，資金の返済に
充てていると判断できます。
　⋯▷［テキスト］第7章第8節参照

第8章　附属明細表と注記

問題8 - 1　　②
ア，エが該当します。
　⋯▷［テキスト］第8章第2節参照

問題8 - 2　　③
（ア）新しく設定された会計基準を適用した場合も会計方針の変更に該当するた
め，注記する必要があります。
　⋯▷［テキスト］第8章第5節❸参照

問題8 - 3　　①
　⋯▷［テキスト］第8章第5節❸参照

問題8 - 4　　①
　⋯▷［テキスト］第8章第5節❸❹❺❻参照

第9章　財務諸表分析

問題9 - 1　　②
・売上高経常利益率 8 ％ ＝ $\dfrac{経常利益}{売上高500,000}$ ×100より，経常利益40,000

・以下のような連結損益計算書（部分）になります。

経常利益	40,000	
特別利益	4,000	固定資産売却益2,000＋負ののれん発生益2,000
特別損失	3,000	減損損失2,000＋投資有価証券売却損1,000
税金等調整前当期純利益	41,000	

　⋯▷［テキスト］第4章第6節❶❷❸参照

問題 9－2 ②

　⋯⟩［テキスト］第9章第3節❷参照

問題 9－3 ④

ア．流動比率が100%以下であれば，流動負債の金額が流動資産の金額を上回っているため，正味運転資本の金額はマイナスとなる。

イ．自己資本比率が40%（自己資本：負債純資産合計＝2：5）の場合，財務レバレッジは250%$\left(\dfrac{5}{2}\times100\right)$となります。

　また，財務レバレッジは自己資本比率の逆数なので，財務レバレッジ2.5（250%）$=\dfrac{1}{\text{自己資本比率0.4（40%）}}$でも算定できます。

ウ．負債比率が50%（負債：純資産＝1：2）の場合，自己資本比率は66.7%$\left(\dfrac{2}{1+2}\times100\right)$となります。

　⋯⟩［テキスト］第9章第3節❷❸・第4節❽参照

問題 9－4 ②

（イ）固定比率は，固定資産と純資産のバランスに注目した指標です。

　⋯⟩［テキスト］第9章第3節❸参照

問題 9－5 ②

（イ）支払利息などの金融費用が事業利益を上回る場合は，値が1を下回ります。

　⋯⟩［テキスト］第9章第3節❸・第4節❼参照

問題 9－6 ②

（イ）売上債権回転期間と棚卸資産回転期間の合計よりも仕入債務回転期間の金額が大きくなる場合には，キャッシュ・コンバージョン・サイクルはマイナスになります。

　⋯⟩［テキスト］第9章第4節❼参照

問題 9－7 ④

　⋯⟩［テキスト］第9章第4節❽参照

問題 9 － 8　　①

X1年度：設備投資額120,000＝有形固定資産の取得による支出130,000

－有形固定資産の売却による収入10,000

設備投資額対キャッシュ・フロー比率100(％)

$$= \frac{設備投資額120,000}{営業活動によるキャッシュ・フロー120,000} \times 100$$

X2年度：設備投資額60,000＝有形固定資産の取得による支出70,000

－有形固定資産の売却による収入10,000

設備投資額対キャッシュ・フロー比率75(％)

$$= \frac{設備投資額60,000}{営業活動によるキャッシュ・フロー80,000} \times 100$$

⋯⟩ ［テキスト］第9章第5節❻参照

問題 9 － 9　　③

	報告セグメント		
	A事業部	B事業部	C事業部
セグメント資産利益率(％)	14.0	9.6	9.9

⋯⟩ ［テキスト］第9章第6節

問題 9 －10　　③

⋯⟩ ［テキスト］第9章第8節❶❻

問題 9 －11

【問1】　②

損益分岐点売上高9,000 $= \dfrac{固定費}{1 －変動費率0.5(50\%)}$ より，固定費4,500

変動費7,500＝売上高15,000(＝販売数量300×販売単価50)×変動費率0.5

営業利益3,000＝売上高15,000－変動費7,500－固定費4,500

【問2】　④

損益分岐点比率60(％) $= \dfrac{損益分岐点売上高9,000}{売上高15,000} \times 100$

【問3】　②

売上高11,250＝販売数量225(＝300－75)×販売単価50

変動費5,625＝(販売単価50×変動費率0.5)×販売数量225

営業利益1,125＝売上高11,250－変動費5,625－固定費4,500

【問4】　⑤

売上高16,500＝販売数量300×販売単価55(＝50＋5)

営業利益4,500＝売上高16,500－変動費7,500－固定費4,500

⋯⟩ ［テキスト］第9章第7節❺❻参照

問題 9 −12 ②

（イ）1株当たり純資産の説明です。

…▶ ［テキスト］第9章第9節❸❹参照

問題 9 −13 ③

（ア）1株当たり当期純利益12.5（円）＝ $\dfrac{\text{当期純利益1,500}}{\text{発行済株式数120}}$

株価収益率4.8（倍）＝ $\dfrac{\text{1株当たり株価60}}{\text{1株当たり当期純利益12.5}}$

（イ）1株当たり純資産80（円）＝ $\dfrac{\text{純資産9,600}}{\text{発行済株式数120}}$

株価純資産倍率0.75（倍）＝ $\dfrac{\text{1株当たり株価60}}{\text{1株当たり純資産80}}$

…▶ ［テキスト］第9章第8節❷❹参照

問題 9 −14 ④

（ア）1株当たりキャッシュ・フロー19.0（円）

$= \dfrac{\text{営業活動によるキャッシュ・フロー45,600}}{\text{発行済株式数2,400}}$

（イ）株価キャッシュ・フロー倍率98.0（倍）＝ $\dfrac{\text{1株当たり株価1,862}}{\text{1株当たりキャッシュ・フロー19.0}}$

…▶ ［テキスト］第9章第9節❺❻参照

問題 9 −15 ④

（ア）配当利回りの説明です。

（イ）株式益回りの説明です。

…▶ ［テキスト］第9章第9節❽参照

問題 9 −16 ②

1株当たり当期純利益16（円）＝ $\dfrac{\text{親会社株主に帰属する当期純利益160}}{\text{発行済株式数10}}$

株式益回り6.4（％）＝ $\dfrac{\text{1株当たり当期純利益16}}{\text{1株当たり株価250}} \times 100$

…▶ ［テキスト］第9章第9節❽参照

問題 9 −17 ①

〈X1年度〉

・資本集約率45（百万円）＝ $\dfrac{\text{資産合計1,800}}{\text{従業員数40}}$

〈X2年度〉

・資産合計2,250＝従業員数50×資本集約率45

・有形固定資産750＝資産合計2,250−流動資産980−無形固定資産30
 −投資その他の資産490

143

・労働装備率15.0（百万円）＝ $\dfrac{\text{有形固定資産750}}{\text{従業員数50}}$

⋯▷ ［テキスト］第 9 章第10節❷

第10章　総合問題

問題10－1

【問 1 】　③　　【問 2 】　②　　【問 3 】　②　　【問 4 】　①　　【問 5 】　④

【問 6 】　③　　【問 7 】　②　　【問 8 】　②　　【問 9 】　②　　【問10】　②

【問11】　②　　【問12】　③　　【問13】　④　　【問14】　④　　【問15】　②

【問16】　③

〈資料 3 〉連結キャッシュ・フロー計算書　（空欄部分）

	X1年度		X2年度	
営業活動によるキャッシュ・フロー		33,850		50,540
（うち貸倒引当金の増減額）	（	△20）	（ ア	700）
（うち棚卸資産の増減額）		(2,000)	（ イ	△11,000）
財務活動によるキャッシュ・フロー		△6,820		△6,680
（うち配当金の支払額）	（	△6,000）	（ ウ	△6,000）
（うち非支配株主への配当金の支払額）		(△800)		(△580)

【問 1 】【問 2 】

連結貸借対照表のX2年度とX1年度の差額から算定します。

【問 3 】

〈資料 4 〉発行済株式数と 1 株当たり配当額から算定します。

【問 4 】

（ア）連結貸借対照表に「退職給付に係る負債」が計上されていることから判断で
　　きます。

（イ）連結貸借対照表に「商品及び製品」「仕掛品」「原材料及び貯蔵品」が計上さ
　　れていることから判断できます。

144

各指標は，以下のとおりです。

	指　標	X1年度	X2年度
【問5】	正味運転資本（百万円）	55,500	31,000
	伸び率（％）		△44.1
【問6】	当座比率（％）	81.7	60.6
	・当座資産（百万円）	108,600	92,000
【問7】	自己資本比率（％）	70.5	69.3
【問8】	仕入債務回転期間（日）	61.1	66.2
	棚卸資産回転率（回）	9.5	8.9
【問9】	総資本経常利益率（％）	8.5	9.8
	売上高経常利益率（％）	5.7	6.9
	総資本回転率（回）	1.5	1.4
【問10】	営業キャッシュ・フロー対流動負債比率（％）	25.5	33.3
【問11】	設備投資額対キャッシュ・フロー比率（％）	56.4	150.1
【問12】	PER（倍）	17.1	
【問13】	PBR（倍）		1.30
【問14】	配当性向（％）	25.1	19.4
【問15】	配当利回り（％）		1.2
【問16】	従業員1人当たり売上高（百万円）	280.4	305.7
	労働装備率（百万円）	84.3	109.2

⋯▷［テキスト］【問1】第7章第5節参照　【問2】第7章第5節参照

　　　　　　【問3】第9章第9節❼参照　【問4】第3章第2節❸，第3節❸参照

　　　　　　【問5】第9章第3節❷参照　【問6】第9章第3節❷参照

　　　　　　【問7】第9章第3節❸参照　【問8】第9章第4節❼参照

　　　　　　【問9】第9章第4節❷❽参照　【問10】第9章第5節❺参照

　　　　　　【問11】第9章第5節❻参照　【問12】第9章第9節❷参照

　　　　　　【問13】第9章第9節❹参照　【問14】第9章第9節❽参照

　　　　　　【問15】第9章第9節❾参照　【問16】第9章第10節❶❷参照

問題10−2

【問1】 ②　　【問2】 ①　　【問3】 ④　　【問4】 ③　　【問5】 ①

【問6】 ②　　【問7】 ④　　【問8】 ①　　【問9】 ①　　【問10】 ④

【問11】 ④　　【問12】 ①　　【問13】 ①　　【問14】 ②

〈資料1〉 連結貸借対照表　（空欄部分）

	A社	B社
純資産の部		
株主資本		
資本金	（　　　10,300）	（　　　6,700）
資本剰余金	（　　　11,600）	（　　　7,000）
利益剰余金	（　　　38,000）	（ ア　23,600）
自己株式	（　　　△700）	（　　　△100）
株主資本合計	（　　　59,200）	（　　　37,200）

〈資料3〉 連結株主資本等変動計算書　（空欄部分）

A社	資本金	資本剰余金	利益剰余金	自己株式	株主資本合計
（省略）					
（親会社株主に帰属する当期純利益）			（　1,200）		（　1,200）
自己株式の取得				（　△10）	（　△10）
当期変動額合計	−	−	（　△100）	（　△10）	（　△110）
当期末残高	10,300	11,600	（　38,000）	（　△700）	59,200

B社	資本金	資本剰余金	利益剰余金	自己株式	株主資本合計
（省略）					
（親会社株主に帰属する当期純利益）			（　2,800）		（　2,800）
自己株式の取得				（ イ　△50）	（　△50）
当期変動額合計	−	−	（　2,300）	（　△50）	（　2,250）
当期末残高	6,700	7,000	（　23,600）	（　△100）	37,200

〈資料4〉連結キャッシュ・フロー計算書 （空欄部分）

	A社	B社
営業活動によるキャッシュ・フロー		
（税金等調整前当期純利益 ）	（ 2,700)	（ 4,800)
⋮	⋮	⋮
受取利息及び受取配当金	（ △300)	（ △40)
支払利息	（ 300)	（ ウ 80)
⋮	⋮	⋮
固定資産売却損益	（ △1,500)	（ エ 10)
固定資産除却損	（ －)	（ 30)
減損損失	（ 1,400)	（ 150)

各指標は，以下のとおりです。

	指　標	A社	B社
【問5】	有利子負債の貸借対照表構成比率（%）	30.7	16.8
	・有利子負債（百万円）	35,300	9,600
	為替換算調整勘定（百万円）	△2,300	△100
【問6】	流動比率（%）	119.1	110.4
	当座比率（%）※1	90.1	75.2
	・当座資産（百万円）※1	29,200	9,400
	当座比率（%）※2	101.2	88.8
	・当座資産（百万円）※2	32,800	11,100
	固定比率（%）	133.2	116.7
	負債比率（%）	100.7	53.8
【問7】	経営資本営業利益率（%）	2.2	11.3
	自己資本当期純利益率（%）	2.1	7.5
【問8】	売上高営業利益率（%）	1.0	5.4
	経営資本回転率（回）	2.2	2.1
【問9】	売上高当期純利益率（%）	0.6	3.1
	総資本回転率（回）	1.6	1.6
	財務レバレッジ（%）	200.7	153.8
【問10】	キャッシュ・コンバージョン・サイクル（日）	8.7	6.6
【問11】	自己資本営業キャッシュ・フロー比率（%）	17.8	18.9
【問12】	設備投資額対キャッシュ・フロー比率（%）	46.1	41.2
【問13】	株価純資産倍率 （PBR） （%）	1.5	1.4
	配当利回り（%）	1.6	1.0
【問14】	株式益回り（%）	1.4	5.4

【問1】

連結株主資本等変動計算書の利益剰余金当期末残高が該当します。

【問2】

連結キャッシュ・フロー計算書から判断します。

【問3】【問4】

連結損益計算書から判断します。

【問6】

※1　◇当座資産＝流動資産合計－棚卸資産－その他

※2　◇当座資産＝流動資産合計－棚卸資産

⋯⟩〔テキスト〕【問1】第6章第2節参照　【問2】第6章第3節参照

【問3】第3章第3節❸コラム，第7章第5節参照

【問4】第7章第5節参照　【問5】第3章第4節❸，第9章第2節❶参照

【問6】第9章第3節❷❸参照　【問7】第9章第4節❸❹参照

【問8】第9章第4節❽参照　【問9】第9章第4節❽参照

【問10】第9章第4節❼参照　【問11】第9章第5節❹参照

【問12】第9章第5節❻参照　【問13】第9章第9節❹❾参照

【問14】第9章第9節⓫参照

問題10-3

【問1】	③	【問2】	③	【問3】	③	【問4】	②	【問5】	①
【問6】	③	【問7】	①	【問8】	④	【問9】	④	【問10】	①
【問11】	③	【問12】	③	【問13】	①	【問14】	④		

〈資料1〉 連結貸借対照表　（空欄部分）

	A社	B社
資産の部		
流動資産		
現金及び預金	（ア　　570,400）	（　　　174,800）
受取手形及び売掛金	（　　　 38,700）	（　　　 72,500）

〈資料3〉 連結キャッシュ・フロー計算書　（空欄部分）

	A社	B社
営業活動によるキャッシュ・フロー		
（税金等調整前当期純利益　）	（イ　　27,700）	（　　　 48,400）
⋮	⋮	⋮
減損損失	－	（　　　 2,600）
受取利息及び受取配当金	（　　△5,100）	（　　　△600）
支払利息	－	（　　　　100）
持分法による投資損益	（　　△1,900）	（　　△1,500）
固定資産除却損	（　　　　400）	（　　　　100）
固定資産売却損益	（　　　△100）	（　　　△900）
⋮	⋮	⋮
小計	（　　 66,100）	（ウ　 76,400）
⋮	⋮	⋮
法人税等の支払額	（　　△16,900）	（　　△18,900）

〈資料4〉 「現金及び現金同等物の期末残高」と連結貸借対照表に掲記されている科目の金額との関係（空欄部分）

	A社	B社
現金及び預金勘定	（　　570,400）	（　　174,800）
⋮	⋮	⋮
現金及び現金同等物	（　　258,100）	（　　169,500）

各指標は，以下のとおりです。

	指　標	A社	B社
【問4】	ネットキャッシュ（百万円）		167,500
	・手元流動性（百万円）		174,800
	・有利子負債（百万円）		7,300
【問5】	固定長期適合率（％）	23.0	37.8
	負債比率（％）	11.7	41.3
【問6】	自己資本比率（％）	89.5	70.8
【問7】	総資本事業利益率（％）	3.1	11.5
	売上高事業利益率（％）	7.9	9.0
	総資本回転率（回）	0.39	1.28
【問8】	自己資本当期純利益率（％）	1.4	10.9
	売上高当期純利益率（％）	3.3	6.0
	財務レバレッジ（％）	111.7	141.3
【問9】	フリー・キャッシュ・フロー（百万円）	△16,500	34,600
	自己資本営業キャッシュ・フロー比率（％）	4.8	18.3
【問10】	営業キャッシュ・フロー対流動負債比率（％）	56.1	50.7
	設備投資対キャッシュ・フロー比率（％）	5.6	19.7
【問11】	売上債権回転期間（日）	28	46
【問12】	キャッシュ・コンバージョン・サイクル（日）		35
【問13】	株価収益率（PER）（倍）	135.75	15.90
	株価純資産倍率（PBR）（倍）	1.93	1.73
【問14】	株式益回り（％）	0.74	6.29

【問1】〈資料4〉から算定します。

⋯▷〔テキスト〕

　　　　　　　　【問1】第7章第2節❹参照　【問2】第7章第5節参照
　　　　　　　　【問3】第7章第5節参照　【問4】第9章第3節❷参照
　　　　　　　　【問5】第9章第3節❸参照　【問6】第9章第3節❸参照
　　　　　　　　【問7】第9章第4節❷参照　【問8】第9章第4節❹参照
　　　　　　　　【問9】第9章第5節❷❹参照　【問10】第9章第5節❺❻参照
　　　　　　　　【問11】第9章第4節❼参照　【問12】第9章第4節❼参照
　　　　　　　　【問13】第9章第9節❷❹参照　【問14】第9章第9節⓫参照

問題10－4

【問1】 ③ 　【問2】 ④ 　【問3】 ① 　【問4】 ① 　【問5】 ④

【問6】 ① 　【問7】 ③ 　【問8】 ① 　【問9】 ② 　【問10】 ④

【問11】 ① 　【問12】 ② 　【問13】 ① 　【問14】 ④ 　【問15】 ③

【問16】 ① 　【問17】 ①

解答・解説

〈資料3〉 連結キャッシュ・フロー計算書 　（空欄部分）

	A社	B社
営業活動によるキャッシュ・フロー		
（税金等調整前当期純利益）	（ 158,400）	（ ア 266,200）
減価償却費	（ イ 26,400）	33,800
⋮	⋮	⋮
小計	198,200	（ 318,400）
⋮	⋮	⋮
法人税等の支払額	△84,800	（ △152,900）
営業活動によるキャッシュ・フロー	116,000	172,100
⋮	⋮	⋮
財務活動によるキャッシュ・フロー		
⋮	⋮	⋮
配当金の支払額	（ △16,200）	（ ウ △35,100）
非支配株主への配当金の支払額	（ △600）	（ △2,100）
⋮	⋮	⋮
現金及び現金同等物の増減額	（ 59,900）	49,900
⋮	⋮	⋮
現金及び現金同等物の期末残高	（ エ 181,300）	229,200

〈資料4〉 A社のセグメント情報の注記 　（空欄部分）

	報告セグメント			合計	調整額	連結財務諸表計上額
	甲事業	乙事業	丙事業			
セグメント資産	489,200	514,900	207,600	1,211,700	（185,200）	（ オ 1,396,900）

〈資料5〉 A社の注記事項（抜粋）（空欄部分）

（連結キャッシュ・フロー計算書関係）

現金及び現金同等物の期末残高と連結貸借対照表に掲記されている科目の金額との関係

現金及び預金勘定	（ 186,900） 百万円
⋮	⋮
現金及び現金同等物	（ 181,300）

151

各指標は，以下のとおりです。

	指　標	A社	B社
【問8】	固定比率（％）	99.4	108.5
	正味運転資本（百万円）	489,800	403,700
【問9】	経営資本営業利益率（％）	14.4	21.1
	・経営資本（百万円）	1,183,900	1,335,900
【問10】	キャッシュ・コンバージョン・サイクル（日）	84.7	50.3
【問11】	フリー・キャッシュ・フロー（百万円）	56,400	76,900
【問12】	営業キャッシュ・フロー対流動負債比率（％）	35.3	34.6
	自己資本営業キャッシュ・フロー比率（％）	19.9	25.3
【問13】	設備投資額対キャッシュ・フロー比率（％）	54.6	59.7
【問15】	時価総額（百万円）	1,512,000	2,340,000
	配当性向（％）	25.0	43.1
【問16】	配当利回り（％）	1.1	1.5
【問17】	資本集約率（百万円）	53.7	40.0
	労働装備率（百万円）	16.0	11.8
	A社セグメント情報	甲事業	乙事業
【問14】	セグメント資産回転率（回）	1.3	1.9
	セグメント資産利益率（％）	15.1	19.3

【問1】【問2】
　連結損益計算書数値の該当項目から算定できます。
【問3】
　〈資料6〉発行済株式数，1株当たり配当額，〈分析にあたっての留意事項〉②から算定します。
【問4】
　〈資料5〉から算定します。
【問5】
　連結貸借対照表数値の資産合計から算定できます。
【問6】
　（イ）連結損益計算書「持分法による投資利益」から判断できます。
【問7】
　連結キャッシュ・フロー計算書の営業活動によるキャッシュ・フロー区分の該当する項目の増減額から判断できます。
【問9】
　（イ）必要な営業利益79,103＝経営資本1,183,900×B社の経営資本営業利益率0.211
　　　　　　　　　　　　　　　（21.1％）－営業利益170,700

⋯▷〔テキスト〕【問1】第7章第5節参照 【問2】第7章第5節参照

【問3】第7章第7節，第9章第9節❼参照

【問4】第9章第2節❹参照 【問5】第9章第3節❸参照

【問6】第3章第4節❺，第4章第5節❷参照

【問7】第7章第5節参照 【問8】第9章第3節❷❸参照

【問9】第9章第4節❸参照 【問10】第9章第4節❼参照

【問11】第9章第5節❷参照 【問12】第9章第5節❹❺参照

【問13】第9章第5節❻参照 【問14】第9章第6節参照

【問15】第9章第9節❽⓬参照 【問16】第9章第9節❾参照

【問17】第9章第10節❷参照

解答・解説

問題10－5

【問1】	③	【問2】	①	【問3】	①	【問4】	④	【問5】	②
【問6】	④	【問7】	③	【問8】	③	【問9】	④	【問10】	②
【問11】	①	【問12】	②	【問13】	④	【問14】	④	【問15】	①
【問16】	④	【問17】	④						

〈資料1〉 連結貸借対照表 （空欄部分）

	X1年度	X2年度
純資産の部		
株主資本		
⋮	⋮	⋮
利益剰余金	210,500	（ア 234,900）
自己株式	△900	（イ △1,100）
株主資本合計	709,600	（ 733,800）
⋮	⋮	⋮
純資産合計	724,500	（ 751,800）

〈資料2〉 連結損益計算書 （空欄部分）

	X1年度	X2年度
特別利益		
⋮	⋮	⋮
投資有価証券売却益	200	（ 300）
特別利益合計	500	（ 300）
特別損失		
⋮	⋮	⋮
固定資産売却損	－	（ 700）
特別損失合計	600	（ 1,800）

153

〈資料３〉 連結キャッシュ・フロー計算書　（空欄部分）

	X1年度	X2年度
営業活動によるキャッシュ・フロー		
（税金等調整前当期純利益）	（　　103,000）	（　　93,700）
減価償却費	（　　76,800）	71,900
減損損失	（　　600）	（　　1,100）
：	：	：
売上債権の増減額	2,800	（ウ　△14,700）
棚卸資産の増減額	△5,100	（　　9,800）
仕入債務の増減額	△7,600	（　　△9,000）
：	：	：
財務活動によるキャッシュ・フロー		
短期借入金の純増減額	△2,000	（　　1,000）
長期借入れによる収入	15,000	（エ　21,000）
：	：	：
配当金の支払額	（　　△24,000）	（オ　△24,000）
：	：	：
財務活動によるキャッシュ・フロー	（　　△24,800）	（　　△13,500）
現金及び現金同等物に係る換算差額	200	（　　100）

〈資料４〉 セグメント情報　（空欄部分）

X1年度

	B事業	C事業	D事業	計	調整額	連結財務諸表 計上額
セグメント資産	287,000	200,400	144,200	631,600	（　342,200）	973,800

X2年度

	B事業	C事業	D事業	計	調整額	連結財務諸表 計上額
セグメント資産	295,100	197,300	152,300	644,700	（　361,800）	（カ 1,006,500）

〈資料5〉 株主資本等変動計算書 （空欄部分）

X2年度

	株主資本				
	資本金	資本剰余金	利益剰余金	自己株式	株主資本合計
当期変動額					
剰余金の配当			（ △24,000）		△24,000
親会社株主に帰属する当期純利益			（ 48,400）		48,400
自己株式の取得				（ △200）	（ △200）
当期変動額合計	－	－	（ 24,400）	（ △200）	（ 24,200）
当期末残高	400,000	100,000	（ 234,900）	（ △1,100）	733,800

【問1】【問2】【問5】

〈資料5〉から算定できます。

【問3】【問4】【問6】

連結貸借対照表数値から算定できます。

各指標は，以下のとおりです。

	指　標		X1年度	X2年度
【問7】	固定比率（％）		82.5	77.4
【問8】	インタレスト・カバレッジ・レシオ（倍）		75.3	45.4
【問9】	総資本経常利益率（％）		10.6	9.5
	経営資本営業利益率（％）		11.3	9.8
【問10】	自己資本当期純利益率（％）		7.0	6.4
【問11】	営業キャッシュ・フロー・マージン（％）		9.8	10.0
【問12】	セグメント資産回転率（回）	B事業		1.89
		C事業		1.71
		D事業		1.39
【問13】	セグメント資産利益率（％）	B事業		13.1
		C事業		10.3
		D事業	25.6	23.1
【問15】	配当利回り（％）			15.0
【問16】	配当性向（％）		47.4	49.6
	時価総額（百万円）		160,000	160,000
【問17】	資本集約率（百万円）		127.83	118.27
	従業員1人当たり営業利益（百万円）		13.55	10.85

155

【問14】

X2年度

・ 変動費率0.566（56.6%）

・ 固定費386,300

・ 損益分岐点売上高890,092

X3年度

・ 目標売上高1,166,590 = $\dfrac{\text{目標経常利益120,000} + \text{固定費386,300}}{\text{限界利益率0.434}}$

⋯⟩［テキスト］【問1】第6章第2節参照　【問2】第6章第2節参照
　　　　　　【問3】第7章第5節参照　【問4】第7章第7節参照
　　　　　　【問5】第6章第3節参照　【問6】第9章第6節参照
　　　　　　【問7】第9章第3節❸参照　【問8】第9章第3節❸参照
　　　　　　【問9】第9章第4節❷❸参照　【問10】第9章第4節❹参照
　　　　　　【問11】第9章第5節❸参照　【問12】第9章第6節参照
　　　　　　【問13】第9章第6節参照　【問14】第9章第8節❺参照
　　　　　　【問15】第9章第9節❽参照　【問16】第9章第9節❽⓬参照
　　　　　　【問17】第9章第10節❶❷参照

問題10－6

【問1】 ③	【問2】 ④	【問3】 ②	【問4】 ③	【問5】 ②
【問6】 ③	【問7】 ④	【問8】 ③	【問9】 ④	【問10】 ②
【問11】 ①	【問12】 ③	【問13】 ④	【問14】 ③	【問15】 ②
【問16】 ②	【問17】 ①	【問18】 ③	【問19】 ①	

〈資料1〉 連結貸借対照表 （空欄部分）

	X1年度	X2年度
資産の部		
流動資産		
原材料及び貯蔵品	17,159	（ ア 16,598）
その他	14,032	（ 14,192）

〈資料2〉 連結損益計算書 （空欄部分）

	X1年度	X2年度
特別損失		
その他	(45)	(4)
特別損失合計	(983)	(398)
税金等調整前当期純利益	(48,681)	(イ 53,481)
⋮	⋮	⋮
(当期純利益　　　　　)	34,972	(38,660)
非支配株主に帰属する当期純利益	4,818	(4,596)

〈資料3〉 連結包括利益計算書 （空欄部分）

	X1年度	X2年度
(当期純利益　　　　　)	(34,972)	(38,660)
その他の包括利益	(ウ △15,575)	(15,704)

〈資料4〉 連結キャッシュ・フロー計算書 （空欄部分）

	X1年度	X2年度
営業活動によるキャッシュ・フロー		
(税金等調整前当期純利益　　)	48,681	53,481
減価償却費	(22,660)	21,532
減損損失	(エ 176)	(12)
⋮	⋮	⋮
受取利息及び受取配当金	(オ △4,585)	(△5,812)
支払利息	(708)	(652)
⋮	⋮	⋮
売上債権の増減額	551	(△2,042)
⋮	⋮	⋮
その他	3,946	(1,925)
⋮	⋮	⋮
現金及び現金同等物に係る換算差額	△7,932	(1,071)
現金及び現金同等物の増減額	△6,669	(カ 10,806)
⋮	⋮	⋮
現金及び現金同等物の期末残高	95,130	(105,936)

〈資料5〉 注記事項

（連結キャッシュ・フロー計算書関係）（空欄部分）
現金及び現金同等物の期末残高と連結貸借対照表に掲記されている科目の金額との関係

	X1年度	X2年度
（現金及び預金勘定　　　　）	（　　132,030）	（　　151,788）
⋮	⋮	⋮
現金及び現金同等物	（　　95,130）	（　　105,936）

（セグメント情報）
X2年度　（空欄部分）

	a事業	b事業	その他事業	調整額	連結財務諸表計上額
売上高					
外部顧客への売上高	357,565	25,661	（　　18,343）	－	（ キ 401,569）
セグメント間の内部売上高又は振替高	20,808	－	（　　2,438）	△23,246	－
計	378,373	25,661	（　　20,781）	△23,246	（　　401,569）

【問1】
　連結キャッシュ・フロー計算書の棚卸資産の増減額から算定できます。
【問6】
〈資料5〉注記事項（連結キャッシュ・フロー計算書関係）から算定できます。

各指標は，以下のとおりです。

	指　　標	A社	B社
【問8】	正味運転資本(百万円)	114,643	88,541
	手元流動性比率(月)	4.2	4.5
【問9】	ネットキャッシュ(百万円)	20,361	15,965
	・有利子負債(百万円)	111,669	135,823
【問10】	固定長期適合率(％)		81.1
【問11】	インタレスト・カバレッジ・レシオ(倍)	65.4	81.5
【問12】	総資本事業利益率(％)	7.9	8.4
【問13】	売上債権回転期間(日)	52.5	51.3
	棚卸資産回転率(％)	13.3	14.3
【問14】	ROE(％)	8.0	8.8
【問15】	フリー・キャッシュ・フロー(百万円)	15,012	31,704
	売上高営業利益率(％)	9.9	10.8
	営業キャッシュ・フロー・マージン(％)	15.9	15.4
【問16】	営業キャッシュ・フロー対流動負債比率(％)	52.6	38.3
【問17】	損益分岐点売上高(百万円)	312,263	325,421
	経営安全率(％)	17.5	19.0
【問18】	PER(倍)	35.6	39.2
【問19】	時価総額(百万円)	1,073,600	1,333,800

⋯▷ ［テキスト］【問1】第7章第5節参照　【問2】第7章第5節参照
　　　　　　　【問3】第5章第3節❶参照　【問4】第7章第5節参照
　　　　　　　【問5】第7章第5節参照　【問6】第7章第2節❹参照
　　　　　　　【問7】第9章第6節参照　【問8】第9章第3節❷参照
　　　　　　　【問9】第9章第3節❷参照　【問10】第9章第3節❸参照
　　　　　　　【問11】第9章第3節❸参照　【問12】第9章第4節❷参照
　　　　　　　【問13】第9章第4節❼参照　【問14】第9章第4節❹❽参照
　　　　　　　【問15】第9章第5節❷❸参照　【問16】第9章第5節❺参照
　　　　　　　【問17】第9章第8節❺❻参照　【問18】第9章第9節❷参照
　　　　　　　【問19】第9章第9節⓬参照

問題10-7

【問1】 ②　　【問2】 ③　　【問3】 ③　　【問4】 ③　　【問5】 ④
【問6】 ④　　【問7】 ①　　【問8】 ①　　【問9】 ④　　【問10】 ③
【問11】 ④　　【問12】 ④　　【問13】 ②　　【問14】 ②　　【問15】 ①
【問16】 ③　　【問17】 ①　　【問18】 ③　　【問19】 ④　　【問20】 ①
【問21】 ④

〈資料2〉 連結損益計算書（空欄部分）

	A社	B社
特別損失		
投資有価証券評価損	（ ア 　　55）	－
その他	（ 　　　119）	100

〈資料3〉 連結包括利益計算書（空欄部分）

	A社	B社
（当期純利益　　　　　　　）	（ イ 　3,101）	（ 　　7,334）
⋮	⋮	⋮
包括利益	（ 　　2,935）	（ 　　7,144）
（内訳）		
親会社株主に係る包括利益	（ 　　2,875）	7,138
非支配株主に係る包括利益	60	（ 　　　6）

〈資料4〉 B社の連結株主資本等変動計算書（株主資本のみ抜粋）

	資本金	資本剰余金	利益剰余金	自己株式	株主資本合計
当期首残高	（ 15,072）	（ 　10,394）	（ 　51,400）	（ △2,250）	74,616
当期変動額					
剰余金の配当			△1,591		△1,591
（親会社株主に帰属する当期純利益）			（ ウ 7,329）		（ 7,329）
当期変動額合計	－	－	（ 5,738）	－	（ 5,738）
当期末残高	（ 15,072）	（ エ 10,394）	（ 57,138）	（ △2,250）	（ 80,354）

160

〈資料5〉 連結キャッシュ・フロー計算書（空欄部分）

	A社	B社
営業活動によるキャッシュ・フロー		
（税金等調整前当期純利益　）	（　　　　4,897）	（ オ　　10,522）
⋮	⋮	⋮
減損損失	（ カ　　　261）	336
⋮	⋮	⋮
受取利息及び受取配当金	（　　　△22）	（　　　△69）
支払利息	（　　　70）	（　　　18）
持分法による投資損益	－	（　　　△63）
固定資産売却損益	（　　△164）	（　　　28）
⋮	⋮	⋮
その他	（　　　312）	（　　　1,329）
⋮	⋮	⋮
財務活動によるキャッシュ・フロー		
⋮	⋮	⋮
長期借入金の返済による支出	△2,861	（　　△125）
配当金の支払額	△918	（ キ　△1,591）
その他	△256	（　　△ 3）
⋮	⋮	⋮
現金及び現金同等物の期首残高	（　　11,180）	（　　　7,390）
現金及び現金同等物の期末残高	（ ク　14,418）	（　　12,979）

解答・解説

161

〈資料6〉注記事項 （空欄部分）
（連結キャッシュ・フロー計算書関係）
　現金及び現金同等物の期末残高と連結貸借対照表に掲記されている科目の金額との関係

	A社	B社
（現金及び預金　　　　　　）	（　　14,518)	（　　13,003)
⋮	⋮	⋮
現金及び現金同等物	（　　14,418)	（　　12,979)

（A社のセグメント情報）

	甲事業	乙事業	その他	調整額	（連結財務諸表 計上額）
売上高 　外部顧客への売上高	37,961	80,012	4,529	－	（　　122,502)
セグメント間の内部 　売上高又は振替高	4	49	44	（　△97)	（　　　　）
計	37,965	80,061	4,573	（　△97)	（ ケ　122,502)
セグメント利益	1,983	2,972	41	21	5,017
セグメント資産	20,162	17,593	4,267	（　2,669)	（　　44,691)
その他の項目 　⋮	⋮	⋮	⋮	⋮	⋮
減損損失	71	85	105	（　　－)	（　　　261)

各指標は，以下のとおりです。

	指　標	A社	B社
【問10】	流動比率（％）	125.8	261.3
	手元流動性比率（月）	1.4	1.1
【問11】	ネットキャッシュ（百万円）	5,714	12,592
【問12】	固定長期適合率（％）	80.0	60.5
【問13】	負債比率（％）	129.2	33.4
【問14】	インタレスト・カバレッジ・レシオ（倍）	72.0	539.7
	・事業利益（百万円）	5,039	9,715
【問15】	売上債権回転期間（日）	8.3	25.6
	棚卸資産回転率（回）	21.2	5.8
【問16】	キャッシュ・コンバージョン・サイクル（日）	7.2	61.9
【問17】	総資本事業利益率（％）	11.3	9.2
	ROE（％）	15.6	9.3
	売上高当期純利益率（％）	2.5	5.3
	総資本回転率（回）	2.7	1.3
	財務レバレッジ（％）	229.2	133.4
【問18】	営業キャッシュ・フロー・マージン（％）	4.7	7.6
	自己資本営業キャッシュ・フロー比率（％）	29.4	13.4
【問19】	損益分岐点（百万円）	103,483	114,384
	経営安全率（％）	15.5	17.8
【問20】	株式益回り（％）	9.7	6.6
【問21】	時価総額（百万円）	31,200	110,400

【問1】

連結キャッシュ・フロー計算書数値から解答できます。

【問2】【問3】【問5】【問6】【問9】

連結損益計算書数値から解答できます。

【問4】

連結貸借対照表数値から解答できます。

【問7】

連結株主資本等変動計算書数値から解答できます。

【問8】

〈資料6〉注記事項（連結キャッシュ・フロー計算書関係）から解答できます。

【問21】

時価総額の小さな企業は，大きな企業より企業買収の対象になりやすいといわれて

います。

⋯⟩〔テキスト〕【問1】第7章第5節参照　【問2】第5章第3節❶参照
　　　　　　　【問3】第6章第2節参照　【問4】第6章第2節参照
　　　　　　　【問5】第7章第5節参照　【問6】第7章第5節参照
　　　　　　　【問7】第7章第7節参照　【問8】第7章第2節❹参照
　　　　　　　【問9】第9章第6節参照　【問10】第9章第3節❸参照
　　　　　　　【問11】第9章第3節❷参照　【問12】第9章第3節❸参照
　　　　　　　【問13】第9章第3節❸，第4節❽参照　【問14】第9章第3節❸参照
　　　　　　　【問15】第9章第4節❼参照　【問16】第9章第4節❼参照
　　　　　　　【問17】第9章第4節❷❽参照　【問18】第9章第5節❸❹参照
　　　　　　　【問19】第9章第8節❺❻参照　【問20】第9章第9節⓫参照
　　　　　　　【問21】第9章第9節⓬参照

問題10-8

【問1】　②　　【問2】　③　　【問3】　④　　【問4】　①　　【問5】　③
【問6】　②　　【問7】　③　　【問8】　④　　【問9】　②　　【問10】　①
【問11】　②　　【問12】　③　　【問13】　③　　【問14】　①　　【問15】　④
【問16】　④　　【問17】　②

〈資料1〉連結貸借対照表　（空欄部分）

	A社		B社
負債の部			
流動負債			
⋮	⋮		⋮
1年内返済予定の長期借入金	（ 5,000)		500
リース債務	（ 2,100)		－
⋮	⋮		⋮
固定負債			
⋮	⋮		⋮
長期借入金	（ 32,800)		8,700
リース債務	（ ア 71,200)		－

164

〈資料2〉 連結損益計算書 　（空欄部分）

	A社	B社
⋮	⋮	⋮
販売費及び一般管理費	（　　　　171,900）	9,600
営業利益	（　イ　　24,600）	5,100
営業外収益		
⋮	⋮	⋮
その他	（　　　　1,400）	110
営業外収益合計	（　　　　2,200）	210
⋮	⋮	⋮
特別損失		
⋮	⋮	⋮
減損損失	（　ウ　　　900）	300
その他	（　　　　　200）	30

〈資料3〉 連結包括利益計算書 　（空欄部分）

	A社	B社
（当期純利益　　　　　　）	（　　　13,100）	（　　　2,600）
その他の包括利益	（　　　△900）	（　エ　　400）

〈資料4〉 A社の連結株主資本等変動計算書 　（空欄部分）

	株主資本				
	資本金	資本剰余金	利益剰余金	自己株式	株主資本合計
当期首残高	13,600	29,600	（　151,000）	△21,800	（　172,400）
当期変動額					
⋮	⋮	⋮	⋮	⋮	⋮
（親会社株主に帰属する当期純利益）			（　オ　12,300）		（　　12,300）
⋮	⋮	⋮	⋮	⋮	⋮
当期変動額合計			（　　3,200）	400	（　　3,600）

〈資料5〉 連結キャッシュ・フロー計算書 （空欄部分）

	A社	B社
営業活動によるキャッシュ・フロー		
（税金等調整前当期純利益 　）	（ 　　　20,700）	（ 　　　4,300）
減価償却費	（ 　　　20,100）	2,000
減損損失	（ 　　　　900）	（ 　　　300）
⋮	⋮	⋮
受取利息及び受取配当金	（ カ 　△600）	（ 　　△100）
支払利息	（ 　　　4,400）	（ 　　　450）
⋮	⋮	⋮
その他	（ 　　△2,900）	（ 　　△120）

〈資料6〉 A社の注記事項 （空欄部分）
（連結キャッシュ・フロー計算書関係）
現金及び現金同等物の期末残高と連結貸借対照表に掲記されている科目の金額との関係

現金及び預金勘定	（	134,200）
有価証券勘定	（	23,600）
預入期間が3カ月を超える定期預金等	（ キ	△19,500）

（セグメント情報）（空欄部分）

	報告セグメント			その他	合計	調整額	連結財務諸表計上額
	a 部門	b 部門	計				
売上高 外部顧客への売上高	234,200	168,900	403,100	（43,400）	（446,500）	（ 　　−）	（ク446,500）
セグメント間の内部売上高又は振替高	400	1,900	2,300	（23,600）	25,900	（△25,900）	（ 　　−）
計	234,600	170,800	405,400	（67,000）	（472,400）	（△25,900）	（ 446,500）

各指標は，以下のとおりです。

	指　標	A社	B社
【問9】	流動比率（％）	165.2	147.1
	当座比率（％）	141.2	144.2
	・当座資産	228,200	24,800
【問10】	ネットキャッシュ（百万円）	46,700	△9,800
	・手元流動性	157,800	20,200
	・有利子負債（百万円）	111,100	30,000
【問11】	固定長期適合率（％）	68.6	84.0
【問12】	自己資本比率（％）	35.3	25.4
	インタレスト・カバレッジ・レシオ（倍）	5.8	11.6
	・事業利益（百万円）	25,400	5,200
【問13】	総資本経常利益率（％）	4.3	6.9
【問14】	仕入債務回転期間（日）	13.9	3.2
	棚卸資産回転率（回）	11.5	92.0
【問17】	総資本事業利益率（％）	11.3	9.2
【問15】	ROE（％）	7.0	14.8
【問16】	営業キャッシュ・フロー・マージン（％）	5.9	11.1
【問17】	限界利益率（％）	44.0	32.0
	・損益分岐点（百万円）	390,682	30,000
	経営安全率（％）	12.5	34.8

┈▷〔テキスト〕【問1】第8章第2節参照　【問2】第8章第5節❾，第9章第6節参照
【問3】第8章第5節❾参照　【問4】第5章第3節❶参照
【問5】第5章第2節参照　【問6】第7章第5節参照
【問7】第7章第2節❹参照　【問8】第8章第5節❾，第9章第6節参照
【問9】第9章第3節❷参照　【問10】第9章第3節❷参照
【問11】第9章第3節❸参照　【問12】第9章第3節❸参照
【問13】第9章第4節❷❽参照　【問14】第9章第4節❼参照
【問15】第9章第4節❹❽参照　【問16】第9章第5節❸参照
【問17】第9章第8節❺❻参照

ビジネス会計
検定試験®

第24回2級 ［問題］
〈制限時間 2時間〉

（2019年3月10日施行）

※ ビジネス会計検定試験の配点は，公表しておりません。
※ 一部改題して掲載しています。

Ⅰ 次の【問1】から【問7】の設問に答えなさい。

【問1】 次の文章について，正誤の組み合わせとして正しいものを選びなさい。

(ア) 関連会社とは，親会社によって意思決定機関を支配されている会社を
いう。

(イ) 連結財務諸表を作成するにあたって，親会社の投資と関連会社の資本
は相殺消去される。

① （ア）正 （イ）正 　　② （ア）正 （イ）誤
③ （ア）誤 （イ）正 　　④ （ア）誤 （イ）誤

【問2】 次の文章について，正誤の組み合わせとして正しいものを選びなさい。

(ア) 同一の資産を再取得する場合に必要な支出を，現在価値という。

(イ) 資産の現在の売価から見積追加製造原価および見積販売直接経費を控
除した額を，正味売却価額という。

① （ア）正 （イ）正 　　② （ア）正 （イ）誤
③ （ア）誤 （イ）正 　　④ （ア）誤 （イ）誤

【問3】 次の文章について，正誤の組み合わせとして正しいものを選びなさい。

(ア) 連結貸借対照表の純資産の部は，株主資本，新株予約権，非支配株主
持分の3つに分類される。

(イ) 株式の発行により株主から払込みを受けた金額のうち，2分の1を超
えない金額は，資本金に組み入れず，利益準備金とすることができる。

① （ア）正 （イ）正 　　② （ア）正 （イ）誤
③ （ア）誤 （イ）正 　　④ （ア）誤 （イ）誤

170

【問4】 次の文章について，正誤の組み合わせとして正しいものを選びなさい。

（ア）連結損益計算書に記載される売上高は，連結会社間取引を相殺消去する前の金額である。

（イ）製造業の売上原価は，当期総製造費用に仕掛品期首棚卸高を加算し，そこから仕掛品期末棚卸高を差し引いて求める。

① （ア）正 （イ）正 　　② （ア）正 （イ）誤

③ （ア）誤 （イ）正 　　④ （ア）誤 （イ）誤

【問5】 次の文章について，正誤の組み合わせとして正しいものを選びなさい。

（ア）連結損益計算書において，税金等調整前当期純利益から，法人税，住民税及び事業税ならびに法人税等調整額を控除した利益は，親会社株主に帰属する当期純利益である。

（イ）法人税等調整額とは，税務上の税額と会計上の税額の差額を調整する項目をいう。

① （ア）正 （イ）正 　　② （ア）正 （イ）誤

③ （ア）誤 （イ）正 　　④ （ア）誤 （イ）誤

【問6】 次の文章について，正誤の組み合わせとして正しいものを選びなさい。

（ア）連結キャッシュ・フロー計算書において，営業活動によるキャッシュ・フローを直接法により表示する場合には，現金及び現金同等物の変動を伴わない項目が，税金等調整前当期純利益に加算または減算される。

（イ）連結キャッシュ・フロー計算書において，法人税等の支払額は，投資活動によるキャッシュ・フローの区分に記載される。

① （ア）正 （イ）正 　　② （ア）正 （イ）誤

③ （ア）誤 （イ）正 　　④ （ア）誤 （イ）誤

171

【問7】 次の文章について，正誤の組み合わせとして正しいものを選びなさい。

(ア) 附属明細表とは，財務諸表に記載された項目のうち重要な項目の期中における増減や期末残高の内訳明細を示した書類である。

(イ) 連結財務諸表を作成している会社は，連結財務諸表について，社債明細表，借入金等明細表，引当金明細表を作成する必要がある。

① (ア) 正 (イ) 正　　② (ア) 正 (イ) 誤

③ (ア) 誤 (イ) 正　　④ (ア) 誤 (イ) 誤

II 次の【問1】から【問11】の設問に答えなさい。

【問1】 次の開示書類のうち，発行市場において開示が求められているものの
適切な組み合わせを選びなさい。

ア．有価証券報告書　　　イ．目論見書　　　ウ．内部統制報告書
エ．有価証券届出書　　　オ．四半期報告書

① アイ　　② アウ　　③ イエ　　④ イオ　　⑤ ウオ

【問2】 次の文章の空欄（　ア　）と（　イ　）に当てはまる語句の適切な組
み合わせを選びなさい。

連結財務諸表は，複数の企業で構成されている企業集団を1つの企業であ
るかのようにみなして（　ア　）が作成する財務諸表である。連結財務諸表
の場合には，親子会社間の取引は，（　イ　）される。

① （ア）親会社　　　　　　（イ）合算
② （ア）親会社　　　　　　（イ）相殺消去
③ （ア）親会社および子会社　（イ）合算
④ （ア）親会社および子会社　（イ）相殺消去

【問3】 次の文章の空欄（　ア　）と（　イ　）に当てはまる語句の適切な組
み合わせを選びなさい。

貸借対照表の負債の部に計上される社債の金額は，原則として（　ア　）
である。ただし，割引発行または打歩発行された場合には，（　イ　）によ
り計算した金額を計上する。

① （ア）期末時価　　（イ）償却原価法
② （ア）期末時価　　（イ）割引計算

173

③　（ア）額面金額　　　（イ）償却原価法

④　（ア）額面金額　　　（イ）割引計算

⑤　（ア）未償却原価　　（イ）割引計算

【問4】　次の項目のうち，貸借対照表の負債の部に計上されるものの個数を選
　　　　びなさい。

ア．製品保証契約などによって，販売した製品について翌期以降の保証期間 　　に発生する補償費用に備えるために計上される引当金 イ．金銭債権に貸倒れが発生する場合に備えて，回収不能見込額を見積って 　　計上される引当金 ウ．従業員に対して翌期以降に支給される賞与のうち，当期末までに発生し 　　ていると見込まれる金額を見積もって計上される引当金

①　1つ　　②　2つ　　③　3つ　　④　なし

【問5】　次の項目のうち，販売費及び一般管理費に含まれるものの適切な組み
　　　　合わせを選びなさい。

ア．役員に支払う賞与 イ．製造活動に従事した従業員の賃金 ウ．商品や製品の広告や宣伝にかかる費用 エ．満期日前に受取手形を銀行で現金化した場合に差し引かれる金利相当分 オ．商品や製品を顧客に発送するための費用

①　アイウ　　②　アウオ　　③　ウエオ　　④　イエ　　⑤　イオ

【問6】 次の項目のうち，その他の包括利益に含まれないものを選びなさ

① 持分法を適用する被投資会社のその他の包括利益に対する投資会社の持分相当額

② 時価評価しない資産・負債のリスクヘッジのために時価評価する金融商品などを保有している場合に，ヘッジ対象の損益が確定するまで繰り延べられるヘッジ手段の時価評価差額

③ 外貨建債権・債務について為替レートが変動することによって発生する損失

④ 投資有価証券に含まれる「その他有価証券」を時価評価した際の取得原価と時価との差額

⑤ その他の包括利益累計額に含まれる退職給付に係る未認識項目のうち，当期に費用処理した部分

【問7】 次の項目のうち，連結株主資本等変動計算書において当期変動額を記載する際，変動事由ごとに金額が表示されるものの適切な組み合わせを選びなさい。

ア．非支配株主持分の変動額　　イ．新株予約権の行使
ウ．自己株式の消却　　エ．親会社株主に帰属する当期純利益
オ．その他有価証券評価差額金の増減

① アイエ　　② アウオ　　③ イウオ　　④ ウエ　　⑤ エオ

【問8】 次の項目のうち，投資活動によるキャッシュ・フローの区分に含まれないものを選びなさい。

① 貸付けによる支出

② 投資有価証券の取得による支出

③ 連結範囲の変更を伴う子会社株式の売却による収入

④ 社債の発行による収入

⑤　有形固定資産の売却による収入

【問9】　次の注記項目のうち，過年度の財務諸表に遡及しないものの適切な組み合わせを選びなさい。

ア．会計方針の変更　　イ．修正再表示　　ウ．会計上の見積りの変更
エ．重要な後発事象　　オ．表示方法の変更

①　アイ　　②　アオ　　③　イエ　　④　ウエ　　⑤　ウオ

【問10】　次の資料により，投資その他の資産の金額を計算し，正しい数値を選びなさい。（金額単位：省略）

のれん　100　　　長期貸付金　500　　　社債発行費　40
ソフトウエア　200　　　その他有価証券（帳簿価額 200　当期末時価 240）
長期前払費用　50

①　650　　②　690　　③　700　　④　740　　⑤　790

【問11】　次の資料により，営業外費用の金額を計算し，正しい数値を選びなさい。（金額単位：省略）

借入金に対して支払う利息　　150
その他有価証券の減損処理によって生じた評価損失　　40
売買目的有価証券の売却によって生じた損失　　50
非連結子会社や関連会社に持分法を適用して生じた損失　　30
期日前に買掛金を決済することによる割引額　　10
のれんの償却額　　20

①　180　　②　210　　③　230　　④　240　　⑤　260

Ⅲ　A社に関する〈資料1〉から〈資料4〉により，【問1】から【問16】の設問に答えなさい。分析にあたって，連結貸借対照表数値，発行済株式数，株価および従業員数は期末の数値を用いることとし，純資産を自己資本とみなす。△はマイナスを意味する。計算にあたって端数が出る場合は，選択肢に示されている数値の桁数に応じて四捨五入するものとする。なお，連結貸借対照表の現金及び預金と連結キャッシュ・フロー計算書の現金及び現金同等物は等しいものとする。また，A社の流動資産には有価証券はない。

〈資料1〉　連結貸借対照表　　　　　　　　　　　　（単位：百万円）

	X1年度	X2年度
資産の部		
流動資産	260,500	313,800
固定資産		
有形固定資産	511,000	912,000
（うちリース資産）	(58,000)	(79,000)
投資その他の資産	99,500	122,200
固定資産合計	610,500	1,034,200
資産合計	871,000	1,348,000
負債の部		
流動負債	112,000	171,000
（うち1年内返済予定の長期借入金）	(7,000)	(27,000)
固定負債	184,600	382,800
（うち長期借入金）	(80,000)	(220,000)
負債合計	296,600	553,800
純資産の部		
株主資本		
資本金	230,000	270,000
資本剰余金	100,000	130,000
利益剰余金	220,000	304,000
自己株式	△2,000	△3,000
株主資本合計	548,000	701,000

177

	X1年度	X2年度
その他の包括利益累計額		
その他有価証券評価差額金	2,400	1,200
為替換算調整勘定	1,000	3,000
その他の包括利益累計額合計	3,400	4,200
非支配株主持分	23,000	89,000
純資産合計	574,400	794,200
負債純資産合計	871,000	1,348,000

〈資料2〉 連結損益計算書 (抜粋)

(単位：百万円)

	X1年度	X2年度
売上高	930,000	1,180,000
売上原価	507,000	619,000
売上総利益	423,000	561,000
販売費及び一般管理費	336,000	407,000
営業利益	87,000	154,000
営業外収益	2,300	3,600
（うち持分法による投資利益）	(400)	(1,700)
営業外費用	3,000	4,900
経常利益	86,300	152,700
税金等調整前当期純利益	88,900	153,200
法人税，住民税及び事業税	32,000	54,000
法人税等調整額	△1,200	3,800
当期純利益	58,100	95,400
非支配株主に帰属する当期純利益	1,600	2,400
親会社株主に帰属する当期純利益	56,500	93,000

〈資料3〉 連結キャッシュ・フロー計算書　　　　　　　　（単位：百万円）

	X1年度	X2年度
営業活動によるキャッシュ・フロー	55,500	140,100
投資活動によるキャッシュ・フロー	△7,500	△364,300
（うち有形固定資産の取得による支出）	（△3,000）	（△480,000）
（うち連結範囲の変更を伴う子会社株式の取得による支出）	（△4,000）	－
財務活動によるキャッシュ・フロー	△13,000	249,200
（うち長期借入れによる収入）	－	（167,000）
（うち長期借入金の返済による支出）	（△5,000）	（△7,000）
（うち株式の発行による収入）	－	（70,000）
現金及び現金同等物の増減額	35,000	25,000
現金及び現金同等物の期首残高	55,000	90,000
現金及び現金同等物の期末残高	90,000	115,000

〈資料4〉 その他のデータ

	X1年度	X2年度
発行済株式数（百万株）	500	600
1株当たり株価（円）	1,587	1,294
1株当たり配当額（円）	15	15
従業員数（人）	14,300	16,600
Z社株式の配当利回り（％）	3.2	4.5

【問1】　次の文章について，正誤の組み合わせとして正しいものを選びなさい。

（ア）A社は，非連結子会社または関連会社を有している。

（イ）A社は，リース資産の貸手である。

① （ア）正　（イ）正　　　② （ア）正　（イ）誤

③ （ア）誤　（イ）正　　　④ （ア）誤　（イ）誤

【問2】 次の文章について，正誤の組み合わせとして正しいものを選びなさい。

（ア）A社には，海外子会社がある。

（イ）子会社には，A社以外の株主が存在する。

① （ア）正 （イ）正 　　② （ア）正 （イ）誤

③ （ア）誤 （イ）正 　　④ （ア）誤 （イ）誤

【問3】 次の文章について，正誤の組み合わせとして正しいものを選びなさい。

（ア）A社は，X1年度に連結子会社が増加している。

（イ）A社は，X1年度に長期借入金による新たな資金調達を行っている。

① （ア）正 （イ）正 　　② （ア）正 （イ）誤

③ （ア）誤 （イ）正 　　④ （ア）誤 （イ）誤

【問4】 次の文章について，正誤の組み合わせとして正しいものを選びなさい。

（ア）A社は，X2年度にX1年度と比べて大規模な有形固定資産投資を行っている。

（イ）A社は，X2年度は営業活動により生じたキャッシュ・フローにより，投資活動および財務活動に必要な資金を充てている。

① （ア）正 （イ）正 　　② （ア）正 （イ）誤

③ （ア）誤 （イ）正 　　④ （ア）誤 （イ）誤

【問5】　次の文章の空欄（　ア　）と（　イ　）に当てはまる数値と語句の適切な組み合わせを選びなさい。

　X2年度の手元流動性比率は（　ア　）月であり，同業他社の手元流動性比率が2.6月とすると，同業他社と比較して短期の安全性が（　イ　）と判断できる。

①　（ア）1.0　（イ）高い　　②　（ア）1.0　（イ）低い
③　（ア）1.2　（イ）高い　　④　（ア）1.2　（イ）低い

【問6】　次の文章の空欄（　ア　）と（　イ　）に当てはまる数値と語句の適切な組み合わせを選びなさい。

　X2年度の固定比率は，（　ア　）％であり，X1年度と比較して，長期の安全性は（　イ　）しているといえる。

①　（ア）87.9　（イ）改善　　②　（ア）87.9　（イ）悪化
③　（ア）130.2　（イ）改善　　④　（ア）130.2　（イ）悪化

【問7】　次の文章の空欄（　ア　）と（　イ　）に当てはまる語句の適切な組み合わせを選びなさい。

　X2年度の自己資本当期純利益率はX1年度と比較して（　ア　）しているが，その要因の1つは財務レバレッジが（　イ　）なっていることである。

①　（ア）改善　（イ）高く　　②　（ア）改善　（イ）低く
③　（ア）悪化　（イ）高く　　④　（ア）悪化　（イ）低く

【問 8 】 次の文章の空欄 （ ア ）と（ イ ）に当てはまる語句の適切な組
み合わせを選びなさい。

　総資本経常利益率を 2 つの要素に分解した場合，X2年度の総資本経常利
益率が（ ア ）した大きな要因は（ イ ）の（ ア ）にある。

① （ア）改善 （イ）総資本回転率

② （ア）改善 （イ）財務レバレッジ

③ （ア）改善 （イ）売上高経常利益率

④ （ア）悪化 （イ）総資本回転率

⑤ （ア）悪化 （イ）売上高経常利益率

【問 9 】 次の文章の空欄 （ ア ）と（ イ ）に当てはまる数値と語句の適
切な組み合わせを選びなさい。

　X2年度の営業キャッシュ・フロー・マージンは（ ア ）％であり，X1
年度と比較して収益性が（ イ ）したといえる。

① （ア）10.4 （イ）改善　　② （ア）10.4 （イ）悪化

③ （ア）11.9 （イ）改善　　④ （ア）11.9 （イ）悪化

⑤ （ア）17.6 （イ）悪化

【問10】 売上原価を変動費，販売費及び一般管理費を固定費とした場合のX2
年度の損益分岐点売上高を計算し，最も近い数値を選びなさい。

① 775,238　　② 856,842　　③ 945,038　　④ 1,794,208

【問11】 次の文章の空欄 （ ア ） と （ イ ） に当てはまる数値と語句の適切な組み合わせを選びなさい。

X2年度の経営安全率は約 （ ア ） ％であり，X1年度と比較して利益確保の余裕度は （ イ ） なっているといえる。

① （ア）27.4 （イ）低く 　　② （ア）27.4 （イ）高く
③ （ア）47.5 （イ）低く 　　④ （ア）47.5 （イ）高く

【問12】 次の文章の空欄 （ ア ） と （ イ ） に当てはまる数値と語句の適切な組み合わせを選びなさい。

X2年度のPERは （ ア ） 倍であり，X1年度と比較して （ イ ） なっている。

① （ア）8.3 （イ）高く 　　② （ア）8.3 （イ）低く
③ （ア）12.0 （イ）高く 　　④ （ア）12.0 （イ）低く

【問13】 次の文章の空欄 （ ア ） と （ イ ） に当てはまる数値と語句の適切な組み合わせを選びなさい。

A社のX2年度の配当性向は （ ア ） ％であり，配当性向からみるとX1年度よりも株主への利益還元割合は （ イ ） なっているといえる。

① （ア）6.5 （イ）高く 　　② （ア）6.5 （イ）低く
③ （ア）9.7 （イ）高く 　　④ （ア）9.7 （イ）低く

183

【問14】 次の文章の空欄 （ ア ） と （ イ ） に当てはまる数値と語句の適切な組み合わせを選びなさい。

A社株式のX2年度の配当利回りは （ ア ） ％であり，Z社株式と比較した投資効率は （ イ ） といえる。

① （ア）0.8 （イ）高い　　② （ア）0.8 （イ）低い
③ （ア）1.2 （イ）高い　　④ （ア）1.2 （イ）低い

【問15】 次の文章について，正誤の組み合わせとして正しいものを選びなさい。

（ア）売上高からみた従業員効率は，X2年度の方が悪化している。
（イ）経常利益からみた従業員効率は，X2年度の方が改善している。

① （ア）正 （イ）正　　② （ア）正 （イ）誤
③ （ア）誤 （イ）正　　④ （ア）誤 （イ）誤

【問16】 次の文章について，正誤の組み合わせとして正しいものを選びなさい。

（ア）労働装備率は，X1年度の方が高い。
（イ）資本集約率は，X2年度の方が低い。

① （ア）正 （イ）正　　② （ア）正 （イ）誤
③ （ア）誤 （イ）正　　④ （ア）誤 （イ）誤

Ⅳ　商品販売業を営むＢ社に関する〈資料１〉から〈資料７〉により，【問１】から【問16】の設問に答えなさい。分析にあたって，連結貸借対照表数値，発行済株式数および株価は期末の数値を用いることとし，純資産を自己資本とみなす。△はマイナスを意味する。計算にあたって端数が出る場合は，選択肢に示されている数値の桁数に応じて四捨五入するものとする。

〈資料１〉　連結貸借対照表

(単位：百万円)

	X1年度	X2年度
資産の部		
流動資産		
現金及び預金	3,100	3,600
売掛金	2,200	2,300
有価証券	500	500
棚卸資産	（ ア ）	350
その他	（ ）	1,270
貸倒引当金	△10	△20
流動資産合計	7,150	8,000
固定資産		
有形固定資産		
建物及び構築物	15,200	15,900
土地	28,100	27,000
リース資産	1,600	800
その他	1,000	1,200
有形固定資産合計	45,900	44,900
無形固定資産		
リース資産	300	260
その他	50	40
無形固定資産合計	350	300
投資その他の資産		
投資有価証券	500	300
その他	13,400	13,410
貸倒引当金	△0	△10
投資その他の資産合計	13,900	13,700
固定資産合計	60,150	58,900
資産合計	67,300	66,900

	X1年度	X2年度
負債の部		
流動負債		
買掛金	1,300	1,200
短期借入金	8,500	（ イ ）
リース債務	1,100	900
賞与引当金	200	300
未払法人税等	300	600
その他	2,800	（ ）
流動負債合計	14,200	8,300
固定負債		
長期借入金	27,400	（ ）
リース債務	2,000	1,000
繰延税金負債	600	200
退職給付に係る負債	5,800	5,700
その他	6,000	（ ）
固定負債合計	41,800	44,400
負債合計	56,000	52,700
純資産の部		
株主資本		
資本金	13,200	13,200
利益剰余金	△1,300	（ ウ ）
自己株式	△100	△100
株主資本合計	11,800	（ ）
その他の包括利益累計額	△600	△500
非支配株主持分	100	（ ）
純資産合計	11,300	14,200
負債純資産合計	67,300	66,900

〈資料2〉 連結損益計算書

(単位:百万円)

	X1年度	X2年度
売上高	41,500	41,000
売上原価	10,600	11,480
売上総利益	30,900	29,520
販売費及び一般管理費	28,900	28,000
営業利益	2,000	1,520
営業外収益		
受取利息及び受取配当金	10	10
その他	90	670
営業外収益合計	100	680
営業外費用		
支払利息	300	400
その他	100	100
営業外費用合計	400	500
経常利益	1,700	1,700
特別利益		
固定資産売却益	−	400
その他	−	900
特別利益合計	−	1,300
特別損失		
固定資産売却損	−	200
固定資産除却損	100	200
減損損失	1,800	100
その他	200	−
特別損失合計	2,100	500
税金等調整前当期純利益	△400	2,500
法人税,住民税及び事業税	200	600
法人税等調整額	△200	△900
法人税等合計	0	△300
当期純利益	△400	2,800
非支配株主に帰属する当期純利益	50	50
親会社株主に帰属する当期純利益	△450	2,750

〈資料3〉 連結包括利益計算書　　　　　　　　　　　　　　　　（単位：百万円）

	X1年度	X2年度
（　　　　　　　　　）	（　　　　　）	（エ　　　　　）
その他の包括利益	（　　　　　）	（　　　　　）
包括利益	△300	2,900
（内訳）		
親会社株主に係る包括利益	△370	2,830
非支配株主に係る包括利益	70	70

〈資料4〉 X2年度連結株主資本等変動計算書（抜粋）　　　　（単位：百万円）

	株主資本			
	資本金	利益剰余金	自己株式	株主資本合計
当期首残高	13,200	△1,300	△100	11,800
当期変動額				
（　　　　　）		（　　　）		（　　　）
当期変動額合計		（　　　）		（　　　）
当期末残高	13,200	（　　　）	△100	（　　　）

〈資料5〉 連結キャッシュ・フロー計算書　　　　　　　　（単位：百万円）

	X1年度	X2年度
営業活動によるキャッシュ・フロー		
税金等調整前当期純利益	△400	2,500
減価償却費	（　　　　　）	（オ　　　　）
貸倒引当金の増減額	0	（カ　　　　）
賞与引当金の増減額	50	100
減損損失	（　　　　　）	（　　　　　）
固定資産売却損益	－	（キ　　　　）
固定資産除却損	（　　　　　）	（　　　　　）
受取利息及び受取配当金	（ク　　　　）	（　　　　　）
支払利息	（　　　　　）	（　　　　　）
売上債権の増減額	400	（ケ　　　　）
棚卸資産の増減額	△100	50
仕入債務の増減額	△100	（　　　　　）
その他	△3,510	（　　　　　）
小計	830	5,290
利息及び配当金の受取額	5	15
利息の支払額	△295	△405
法人税等の支払額	△500	△300
営業活動によるキャッシュ・フロー	40	4,600
投資活動によるキャッシュ・フロー		
有形固定資産の取得による支出	△28,300	△2,150
有形固定資産の売却による収入	－	1,500
その他	1,300	550
投資活動によるキャッシュ・フロー	△27,000	△100
財務活動によるキャッシュ・フロー		
短期借入金の純増減額	△300	△6,900
長期借入れによる収入	27,500	21,400
長期借入金の返済による支出	△1,900	△17,000
リース債務の返済による支出	△300	△1,100
その他	△340	△400
財務活動によるキャッシュ・フロー	24,660	△4,000
現金及び現金同等物の（　　　　）	（　　　　）	（　　　　）
現金及び現金同等物の（　　　　）	（　　　　）	（　　　　）
現金及び現金同等物の（　　　　）	（　　　　）	（コ　　　　）

〈資料6〉　**注記事項**（抜粋）　　　　　　　　　　　　　（金額単位：百万円）

（連結損益計算書関係）
販売費及び一般管理費のうち主要な費目及び金額

	X1年度	X2年度
給料手当	9,000	9,200
賞与引当金繰入額	200	300
退職給付費用	500	500
減価償却費	2,300	1,600
貸倒引当金繰入額	0	30

（連結株主資本等変動計算書関係）
発行済株式に関する事項

X1年度	X2年度	X2年度
連結会計年度末（百万株）	100	100

（連結キャッシュ・フロー計算書関係）
現金及び現金同等物の期末残高と連結貸借対照表に掲記されている科目の金額との関係

	X1年度	X2年度
現金及び預金勘定	（　　　　　）	（　　　　　）
預入期間が3カ月を超える定期預金	△100	△100
現金及び現金同等物	（　　　　　）	（　　　　　）

〈資料7〉　**分析にあたっての留意事項**

①　期末の株価は，X1年度290円，X2年度200円である。

②　B社に持分法適用会社はない。

③　B社は社債を発行していない。

④　同業他社のX2年度の平均ROEは13.0％である。

【問1】　〈資料1〉の空欄（　ア　）に当てはまる数値を選びなさい。

①　250　　②　300　　③　350　　④　400　　⑤　450

【問2】　〈資料1〉の空欄（　イ　）に当てはまる数値を選びなさい。

①　1,600　　②　1,900　　③　14,100　　④　15,400　　⑤　15,700

【問 3】 〈資料 1 〉の空欄 （　ウ　）に当てはまる数値を選びなさい。

① 1,200　② 1,450　③ 1,500　④ 1,530　⑤ 1,600

【問 4】 〈資料 3 〉の空欄 （　エ　）に当てはまる数値を選びなさい。

① 2,500　② 2,750　③ 2,800　④ 2,900　⑤ 3,400

【問 5】 〈資料 5 〉の空欄 （　オ　）に当てはまる数値を選びなさい。

① △2,300　② △1,600　③ 700　④ 1,600　⑤ 2,300

【問 6】 〈資料 5 〉の空欄 （　カ　）に当てはまる数値を選びなさい。

① △30　② △20　③ 10　④ 20　⑤ 30

【問 7】 〈資料 5 〉の空欄 （　キ　）に当てはまる数値を選びなさい。

① 400　② 200　③ 0　④ △200　⑤ △400

【問 8】 〈資料 5 〉の空欄 （　ク　）に当てはまる数値を選びなさい。

① △10　② △5　③ 5　④ 10　⑤ 15

【問 9】 〈資料 5 〉の空欄 （　ケ　）に当てはまる数値を選びなさい。

① △400　② △100　③ 90　④ 100　⑤ 400

【問10】 〈資料 5 〉の空欄 （　コ　）に当てはまる数値を選びなさい。

① 500　② 3,000　③ 3,100　④ 3,500　⑤ 3,600

第24回試験問題

191

【問11】 次の文章について，正誤の組み合わせとして正しいものを選びなさい。

（ア）流動比率からみると，短期的な支払能力はX1年度よりもX2年度の方が
　　　改善したと判断できる。

（イ）営業キャッシュ・フロー対流動負債比率からみると，短期的な安全性
　　　はX1年度よりもX2年度の方が改善したと判断できる。

　　① （ア）正 （イ）正　　　② （ア）正 （イ）誤
　　③ （ア）誤 （イ）正　　　④ （ア）誤 （イ）誤

【問12】 次の文章について，正誤の組み合わせとして正しいものを選びなさい。

（ア）ネットキャッシュは，フリー・キャッシュ・フローから財務活動によ
　　　るキャッシュ・フローを差し引いて求められる。

（イ）ネットキャッシュの値は，X1年度，X2年度ともにマイナスであり，企
　　　業経営に利用できる余裕資金が不足している可能性があると判断でき
　　　る。

　　① （ア）正 （イ）正　　　② （ア）正 （イ）誤
　　③ （ア）誤 （イ）正　　　④ （ア）誤 （イ）誤

【問13】 次の文章について，正誤の組み合わせとして正しいものを選びなさい。

（ア）固定長期適合率からみると，X1年度よりもX2年度の方が長期の安全性
　　　は改善したと判断できる。

（イ）負債比率からみると，X1年度よりもX2年度の方が長期の安全性は改善
　　　したと判断できる。

　　① （ア）正 （イ）正　　　② （ア）正 （イ）誤
　　③ （ア）誤 （イ）正　　　④ （ア）誤 （イ）誤

【問14】 次の文章について，正誤の組み合わせとして正しいものを選びなさい。

（ア）インタレスト・カバレッジ・レシオを求める算式の分子は，事業利益
である。

（イ）インタレスト・カバレッジ・レシオからみると，X1年度よりもX2年度
の方が金利の支払能力は高いと判断できる。

---

① （ア）正 （イ）正 　　② （ア）正 （イ）誤

③ （ア）誤 （イ）正 　　④ （ア）誤 （イ）誤

【問15】 次の文章について，正誤の組み合わせとして正しいものを選びなさい。

（ア）自己資本比率を高めることは，ROEを高くする要素の1つである。

（イ）ROEからみると，株主の立場からの利益効率は，同業他社の平均より
もB社の方が良好である。

---

① （ア）正 （イ）正 　　② （ア）正 （イ）誤

③ （ア）誤 （イ）正 　　④ （ア）誤 （イ）誤

【問16】 次の文章について，正誤の組み合わせとして正しいものを選びなさい。

（ア）PBRは，利益水準から株価の高低を判断する指標である。

（イ）PBRからみると，X1年度よりもX2年度の方が今後，純資産価値が増大
することが期待されていると判断できる。

---

① （ア）正 （イ）正 　　② （ア）正 （イ）誤

③ （ア）誤 （イ）正 　　④ （ア）誤 （イ）誤

ビジネス会計
検定試験®

第28回2級 [問題]
〈制限時間 2時間〉

（2021年3月14日施行）

※ ビジネス会計検定試験の配点は，公表しておりません。
※ 一部改題して掲載しています。

$\boxed{\text{I}}$　次の【問 1】から【問 9】の設問に答えなさい。

【問 1】　次の文章について，正誤の組み合わせとして正しいものを選びなさい。

（ア）連結会社間で有価証券を売買した場合，連結財務諸表の作成にあたって，その売買によって発生した損益を消去する必要がある。

（イ）満期まで保有する意図を持って保有する社債その他の債券の貸借対照表価額は，時価で評価される。

①　（ア）正　（イ）正　　　②　（ア）正　（イ）誤

③　（ア）誤　（イ）正　　　④　（ア）誤　（イ）誤

【問 2】　次の文章について，正誤の組み合わせとして正しいものを選びなさい。

（ア）実地棚卸による実際の在庫数量が帳簿上の期末在庫数量より少ない場合，その差額を棚卸減耗損という。

（イ）貸借対照表上の棚卸資産の額は，棚卸減耗損と商品評価損を控除した後の額である。

①　（ア）正　（イ）正　　　②　（ア）正　（イ）誤

③　（ア）誤　（イ）正　　　④　（ア）誤　（イ）誤

【問 3】　次の文章について，正誤の組み合わせとして正しいものを選びなさい。

（ア）貸借対照表上の負債のうち，利子の支払いが必要となるものを有利子負債という。

（イ）コマーシャル・ペーパーは，有利子負債に含まれない。

①　（ア）正　（イ）正　　　②　（ア）正　（イ）誤

③　（ア）誤　（イ）正　　　④　（ア）誤　（イ）誤

196

【問4】 次の文章について，正誤の組み合わせとして正しいものを選びなさい。

(ア) 製造原価明細書において，材料費，労務費，経費の合計が当期製品製造原価となる。

(イ) 当期製品製造原価から製品期首棚卸高を減算し，製品期末棚卸高を加算すると，当期の売上原価が求められる。

① （ア）正 （イ）正　　② （ア）正 （イ）誤

③ （ア）誤 （イ）正　　④ （ア）誤 （イ）誤

【問5】 次の文章について，正誤の組み合わせとして正しいものを選びなさい。

(ア) 従業員に支払う給料などの人件費のうち，販売または管理部門でかかる費用は販売費及び一般管理費となり，製造現場でかかる費用は経費となる。

(イ) 貸倒引当金繰入額は，経費に含まれる。

① （ア）正 （イ）正　　② （ア）正 （イ）誤

③ （ア）誤 （イ）正　　④ （ア）誤 （イ）誤

【問6】 次の文章について，正誤の組み合わせとして正しいものを選びなさい。

(ア) 連結損益計算書に記載される売上高は，連結会社間取引を相殺消去する前の金額である。

(イ) 親会社がすべての子会社の株式を100％所有している場合，連結損益計算書に非支配株主に帰属する当期純利益は計上されない。

① （ア）正 （イ）正　　② （ア）正 （イ）誤

③ （ア）誤 （イ）正　　④ （ア）誤 （イ）誤

【問7】 次の文章について，正誤の組み合わせとして正しいものを選びなさい。

(ア) 連結株主資本等変動計算書では，連結貸借対照表の純資産の部を，株主資本，その他の包括利益累計額，新株予約権，非支配株主持分に区分して表示する。

(イ) 連結株主資本等変動計算書において，株主資本以外の項目の当期変動額は純額で表示する。

① （ア）正 （イ）正　　② （ア）正 （イ）誤
③ （ア）誤 （イ）正　　④ （ア）誤 （イ）誤

【問8】 キャッシュ・フロー計算書における現金及び現金同等物に関する次の文章について，正誤の組み合わせとして正しいものを選びなさい。

(ア) 有価証券には，現金及び現金同等物に含まれるものもある。

(イ) 当座借越の金額は，現金及び現金同等物から控除される。

① （ア）正 （イ）正　　② （ア）正 （イ）誤
③ （ア）誤 （イ）正　　④ （ア）誤 （イ）誤

【問9】 次の文章について，正誤の組み合わせとして正しいものを選びなさい。

(ア) 株価純資産倍率は，1倍を下回ることはない。

(イ) 純資産価値が今後増大すると期待されている場合は，株価純資産倍率は低くなりがちである。

① （ア）正 （イ）正　　② （ア）正 （イ）誤
③ （ア）誤 （イ）正　　④ （ア）誤 （イ）誤

Ⅱ 次の【問1】から【問8】の設問に答えなさい。

【問1】 次の文章の空欄（ ア ）から（ ウ ）に当てはまる語句の適切な
組み合わせを選びなさい。

（ ア ）とは，複数の企業で構成される企業集団を1つの企業であるか
のようにみなして作成する財務諸表である。企業集団を構成する企業には，
他の会社を支配している（ イ ）と，（ イ ）によって支配されている
（ ウ ）があり，（ ア ）は（ イ ）が作成する。

① （ア）財務諸表 （イ）親会社 （ウ）子会社
② （ア）財務諸表 （イ）親会社 （ウ）関連会社
③ （ア）連結財務諸表 （イ）親会社 （ウ）子会社
④ （ア）連結財務諸表 （イ）親会社 （ウ）関連会社
⑤ （ア）連結財務諸表 （イ）関連会社 （ウ）子会社

【問2】 次の項目のうち，経常利益の計算に影響を及ぼさないものの適切な組
み合わせを選びなさい。

ア．売上割引 イ．投資有価証券評価損 ウ．持分法による投資利益
エ．コマーシャル・ペーパー利息 オ．負ののれん発生益

① アウ ② アエ ③ イエ ④ イオ ⑤ ウオ

第28回試験問題

199

【問3】 次の文章の空欄のうち,（ ア ）と（ イ ）に当てはまる語句の
適切な組み合わせを選びなさい。

> 引当金は,（ ア ）の原則にもとづいて,当期の収益に対応する将来の
> 費用または損失を計上するために設定され,（ イ ）引当金と（　　　）
> 引当金に分類される。（ イ ）引当金は,決算日における当該資産の貸借
> 対照表価額を明らかにするために,資産価額の減少額を見積もって計上され
> る引当金をいう。

① （ア）実現主義　　　（イ）負債性

② （ア）実現主義　　　（イ）評価性

③ （ア）費用収益対応　（イ）負債性

④ （ア）費用収益対応　（イ）評価性

【問4】 次の項目のうち,財務活動によるキャッシュのインフローに該当する
ものの個数を選びなさい。

> ア．社債の償還　　イ．貸付金の回収　　ウ．自己株式の取得
> エ．有価証券の売却　　オ．株式の発行

① 1つ　　② 2つ　　③ 3つ　　④ 4つ　　⑤ なし

【問5】 次の附属明細表のうち,連結財務諸表について作成が求められている
ものの適切な組み合わせを選びなさい。

> ア．資産除去債務明細表　　イ．有価証券明細表　　ウ．引当金明細表
> エ．借入金等明細表　　オ．社債明細表

① アイエ　　② アエオ　　③ イウエ　　④ イウオ　　⑤ ウエオ

200

【問6】 次の資料により，有形固定資産の金額を計算し，正しい数値を～
さい。なお，当社は主たる営業取引としてリース取引を行っているもの
とする。（金額単位：省略）

貯蔵品 1,000	建物 25,600	土地 4,200	ソフトウェア 2,500
リース投資資産 800	運搬具 3,100	建設仮勘定 7,000	

① 36,800　②　39,900　③　40,700　④　40,900　⑤　42,400

【問7】 次の資料により，包括利益の金額を計算し，正しい数値を選びなさい。
△はマイナスを意味する。（金額単位：省略）

当期純利益 12,000	親会社株主に帰属する当期純利益 10,000
為替差益 200	退職給付に係る調整額 △600
その他有価証券評価差額金 400	持分法による投資損失 100
為替換算調整勘定 △800	持分法適用会社に対する持分相当額 500

① 9,900　②　11,100　③　11,500　④　11,900　⑤　12,500

【問8】 次の資料により，以下の文章の空欄 （　ア　）と（　イ　）に当てはまる語句の適切な組み合わせを選びなさい。（金額単位：百万円）

	A社	B社
売上高	9,000	15,000
営業利益	800	1,050
資産合計	10,000	18,000
固定資産	5,000	6,000
有形固定資産	2,500	3,300
従業員数（人）	100	150

　利益を生み出す従業員効率が高いのは（　ア　）である。また，生産効率を高めるための資本集約率が高いのは（　イ　）である。

① （ア）A社 （イ）A社　　② （ア）A社 （イ）B社

③ （ア）B社 （イ）A社　　④ （ア）B社 （イ）B社

Ⅲ A社に関する〈資料1〉から〈資料4〉により，【問1】から【問14】の設問に答えなさい。分析にあたって，連結貸借対照表数値は期末の数値を用いることとし，純資産を自己資本とみなす。△はマイナスを意味する。なお，計算にあたって端数が出る場合は，小数点以下第2位を四捨五入するものとする。

〈資料1〉 連結貸借対照表   （単位：百万円）

	X1年度	X2年度
資産の部		
流動資産		
現金及び預金	50,600	55,000
受取手形及び売掛金	159,200	162,600
有価証券	109,600	98,400
棚卸資産	（ ア 　　　）	15,600
その他	（ 　　　　）	33,800
貸倒引当金	△200	△200
流動資産合計	364,800	365,200
固定資産		
有形固定資産		
建物及び構築物	53,200	62,400
機械装置及び運搬具	26,000	28,600
土地	79,400	83,200
その他	20,800	20,400
有形固定資産合計	179,400	194,600
無形固定資産		
ソフトウェア	12,400	11,000
その他	5,200	4,600
無形固定資産合計	17,600	15,600
投資その他の資産		
投資有価証券	210,400	238,400
繰延税金資産	21,600	23,000
その他	10,400	15,600
投資その他の資産合計	242,400	277,000
固定資産合計	439,400	487,200
資産合計	804,200	852,400

203

	X1年度	X2年度
負債の部		
流動負債		
支払手形及び買掛金	20,800	22,400
未払金	40,200	41,600
未払費用	49,200	56,400
未払法人税等	9,400	8,600
その他	9,600	9,600
流動負債合計	129,200	138,600
固定負債		
繰延税金負債	18,800	22,400
退職給付に係る負債	33,200	35,600
その他	5,200	10,200
固定負債合計	57,200	68,200
負債合計	186,400	206,800
純資産の部		
株主資本		
資本金	73,200	73,200
資本剰余金	140,400	140,400
利益剰余金	363,400	386,800
自己株式	△5,200	△5,400
株主資本合計	571,800	595,000
その他の包括利益累計額	35,800	44,000
非支配株主持分	10,200	6,600
純資産合計	617,800	645,600
負債純資産合計	804,200	852,400

〈資料2〉 連結損益計算書

(単位：百万円)

	X1年度	X2年度
売上高	( )	(イ)
売上原価	399,400	424,000
売上総利益	( )	( )
販売費及び一般管理費	129,000	133,200
営業利益	( )	( )
営業外収益		
受取利息	400	200
受取配当金	2,200	2,200
持分法による投資利益	800	7,000
その他	1,200	600
営業外収益合計	4,600	10,000
営業外費用		
支払手数料	400	600
その他	200	200
営業外費用合計	600	800
経常利益	( )	( )
特別利益		
投資有価証券売却益	1,000	1,200
その他	1,000	2,200
特別利益合計	2,000	3,400
特別損失		
投資有価証券評価損	400	400
特別損失合計	400	400
税金等調整前当期純利益	( )	( )
法人税，住民税及び事業税	16,200	15,800
法人税等調整額	△2,400	△1,600
法人税等合計	13,800	14,200
当期純利益	( )	( )
非支配株主に帰属する当期純利益	600	800
親会社株主に帰属する当期純利益	( )	( )

〈資料 3〉　連結キャッシュ・フロー計算書　　　　　　　　　　（単位：百万円）

	X1年度	X2年度
営業活動によるキャッシュ・フロー		
（　　　　　　　　　　　　　　　）	（　　　　　）	（ウ　　　　）
減価償却費	（　　　　　）	（　　　　　）
投資有価証券売却益	（　　　　　）	（エ　　　　）
投資有価証券評価損	（　　　　　）	（オ　　　　）
退職給付に係る負債の増減額	2,200	2,400
受取利息及び受取配当金	（　　　　　）	（　　　　　）
持分法による投資損益	△800	△7,000
売上債権の増減額	△15,400	△3,400
棚卸資産の増減額	△1,000	3,200
仕入債務の増減額	8,200	1,600
その他	△15,200	1,600
小計	（　　　　　）	（　　　　　）
利息及び配当金の受取額	（　　　　　）	（　　　　　）
法人税等の支払額	△11,000	△16,600
営業活動によるキャッシュ・フロー	26,200	47,200
投資活動によるキャッシュ・フロー		
有価証券の取得による支出	△193,200	△231,600
有価証券の償還による収入	221,400	242,800
有形固定資産の取得による支出	△16,400	△20,000
投資有価証券の取得による支出	△10,000	△30,000
投資有価証券の売却による収入	2,400	2,800
その他	△29,000	12,600
投資活動によるキャッシュ・フロー	△24,800	△23,400
財務活動によるキャッシュ・フロー		
配当金の支払額	△7,600	△8,600
非支配株主への配当金の支払額	△200	△200
その他	△5,800	△6,200
財務活動によるキャッシュ・フロー	△13,600	△15,000
現金及び現金同等物の増減額	△12,200	8,800
現金及び現金同等物の期首残高	71,800	59,600
現金及び現金同等物の期末残高	59,600	68,400

〈資料4〉 報告セグメントごとの売上高，利益，資産，その他の項目の金額に関する情報

X1年度
（単位：百万円）

	報告セグメント				調整額	連結財務諸表計上額(注)
	A事業	B事業	C事業	計		
売上高						
外部顧客への売上高	482,800	23,200	55,600	561,600	－	561,600
セグメント間の内部売上高又は振替高	5,600	800	16,800	23,200	△23,200	－
計	488,400	24,000	72,400	584,800	△23,200	561,600
セグメント利益	29,800	2,400	1,000	33,200		33,200
セグメント資産	515,400	33,000	82,000	630,400	173,800	804,200
その他の項目						
減価償却費	17,400	200	3,200	20,800	－	20,800
有形固定資産及び無形固定資産の増加額	22,000	200	2,800	25,000	－	25,000

（注）報告セグメントの利益は，営業利益ベースの数値であります。

X2年度
（単位：百万円）

	報告セグメント				調整額	連結財務諸表計上額(注)
	A事業	B事業	C事業	計		
売上高						
外部顧客への売上高	500,200	19,200	72,400	591,800	－	591,800
セグメント間の内部売上高又は振替高	4,800	800	18,600	24,200	△24,200	－
計	505,000	20,000	91,000	616,000	△24,200	591,800
セグメント利益	29,800	1,200	3,600	34,600	－	34,600
セグメント資産	541,600	26,400	102,600	670,600	181,800	852,400
その他の項目						
減価償却費	15,400	200	3,400	19,000	－	19,000
有形固定資産及び無形固定資産の増加額	24,800	100	5,600	30,500		30,500

（注）報告セグメントの利益は，営業利益ベースの数値であります。

【問1】 〈資料1〉の空欄 （ ア ） に当てはまる数値を選びなさい。

① 12,400   ② 14,600   ③ 16,600   ④ 18,800

【問2】 〈資料2〉の空欄 （ イ ） に当てはまる数値を選びなさい。

① 561,600   ② 584,800   ③ 591,800   ④ 616,000

【問3】 〈資料3〉の空欄 （ ウ ） に当てはまる数値を選びなさい。

① 31,800   ② 32,600   ③ 43,800   ④ 46,800

【問4】 〈資料3〉の空欄 （ エ ） と （ オ ） に当てはまる数値の適切な
組み合わせを選びなさい。

① （エ） △1,200 （オ） △400
② （エ） △1,200 （オ） 400
③ （エ） 1,200 （オ） △400
④ （エ） 1,200 （オ） 400

【問5】 次の文章について，正誤の組み合わせとして正しいものを選びなさい。

（ア）正味運転資本からみると，X1年度からX2年度にかけて短期的な事業資
金は大きくなった。
（イ）当座比率からみると，X1年度からX2年度にかけて短期の支払能力は高
くなった。

① （ア）正 （イ）正   ② （ア）正 （イ）誤
③ （ア）誤 （イ）正   ④ （ア）誤 （イ）誤

208

【問6】 次の文章について，正誤の組み合わせとして正しいものを選びなさい。

（ア）固定長期適合率からみると，A社では固定資産が固定的な長期の資金源泉でまかなわれている。

（イ）自己資本比率は，X1年度からX2年度にかけて上昇した。

① （ア）正 （イ）正 　　② （ア）正 （イ）誤

③ （ア）誤 （イ）正 　　④ （ア）誤 （イ）誤

【問7】 次の文章の空欄 （ ア ）と（ イ ）に当てはまる数値と語句の適切な組み合わせを選びなさい。

　X2年度の総資本事業利益率は（ ア ）％であり，X1年度から（ イ ）した。

① （ア）4.3 （イ）改善 　　② （ア）4.3 （イ）悪化

③ （ア）5.2 （イ）改善 　　④ （ア）5.2 （イ）悪化

【問8】 次の文章の空欄 （ ア ）に当てはまる語句を選びなさい。

　X1年度からX2年度にかけて総資本事業利益率が変動した最も大きな要因は，（ ア ）である。

① 売上高事業利益率の上昇

② 売上高事業利益率の低下

③ 総資本回転率の上昇

④ 総資本回転率の低下

第28回試験問題

209

【問9】 次の文章の空欄 （ ア ）と（ イ ）に当てはまる数値と語句の適切な組み合わせを選びなさい。

X2年度の自己資本当期純利益率は（ ア ）％であり，X1年度から（ イ ）した。

① （ア）3.7 （イ）改善　　② （ア）3.7 （イ）悪化
③ （ア）4.9 （イ）改善　　④ （ア）4.9 （イ）悪化

【問10】 次の文章の空欄 （ ア ）に当てはまる語句を選びなさい。

X1年度からX2年度にかけて自己資本当期純利益率が変動した最も大きな要因は，（ ア ）の変動である。

① 総資本回転率　　② 売上高当期純利益率
③ 負債比率　　④ 財務レバレッジ

【問11】 次の文章について，正誤の組み合わせとして正しいものを選びなさい。

（ア）セグメント売上高利益率は，両年度ともにC事業が最も良い。
（イ）C事業のセグメント売上高利益率は，X1年度からX2年度にかけて低下している。

① （ア）正 （イ）正　　② （ア）正 （イ）誤
③ （ア）誤 （イ）正　　④ （ア）誤 （イ）誤

【問12】 次の文章について，正誤の組み合わせとして正しいものを選びなさい。

> （ア）X1年度のセグメント資産利益率が最も良いセグメントは，A事業である。
>
> （イ）X1年度からX2年度にかけてセグメント資産利益率が改善されたセグメントは，B事業である。

① （ア）正 （イ）正　　　② （ア）正 （イ）誤

③ （ア）誤 （イ）正　　　④ （ア）誤 （イ）誤

【問13】 次の文章の空欄（　ア　）と（　イ　）に当てはまる数値と語句の適切な組み合わせを選びなさい。

> X2年度の売上債権回転期間は（　ア　）日であり，（　イ　）の方が売上債権を短期間のうちに回収していると判断できる。

① （ア）100.3 （イ）X1年度　　　② （ア）100.3 （イ）X2年度

③ （ア）103.5 （イ）X1年度　　　④ （ア）103.5 （イ）X2年度

【問14】 次の文章について，正誤の組み合わせとして正しいものを選びなさい。

> （ア）自己資本営業キャッシュ・フロー比率からみると，現金創出能力はX1年度からX2年度にかけて低下している。
>
> （イ）営業キャッシュ・フロー対流動負債比率からみると，短期の安全性はX1年度からX2年度にかけて低下している。

① （ア）正 （イ）正　　　② （ア）正 （イ）誤

③ （ア）誤 （イ）正　　　④ （ア）誤 （イ）誤

211

Ⅳ A社とB社に関する〈資料1〉から〈資料6〉により，【問1】から【問19】の設問に答えなさい。ただし，資料の会計期間は両社とも「X1年4月1日～X2年3月31日」である。分析にあたって，連結貸借対照表数値，発行済株式数および株価は期末の数値を用いることとし，純資産を自己資本とみなす。△はマイナスを意味する。なお，計算にあたって端数が出る場合は，小数点以下第2位を四捨五入するものとする。

〈資料1〉 連結貸借対照表　　　　　　　　　　　　　（単位：百万円）

	A社	B社
資産の部		
流動資産		
現金及び預金	18,328	13,595
受取手形及び売掛金	21,775	13,274
商品	68,419	11,287
その他	10,010	1,833
貸倒引当金	△428	△17
流動資産合計	118,104	39,972
固定資産		
有形固定資産		
建物及び構築物	13,800	1,642
土地	15,740	951
リース資産	1,645	1,172
その他	2,672	450
有形固定資産合計	33,857	4,215
無形固定資産		
ソフトウェア	1,175	729
その他	5,006	2,568
無形固定資産合計	6,181	3,297
投資その他の資産		
投資有価証券	1,085	23,730
繰延税金資産	4,891	1,509
差入保証金	17,201	2,204
その他	3,078	2,882
貸倒引当金	△343	△265
投資その他の資産合計	25,912	30,060
固定資産合計	65,950	37,572
資産合計	184,054	77,544

	A社	B社
負債の部		
流動負債		
支払手形及び買掛金	16,471	7,215
電子記録債務	25,477	11,296
短期借入金	8	328
1年内返済予定の長期借入金	－	2,450
リース債務	45	543
未払法人税等	474	2,886
賞与引当金	1,171	2,101
その他	13,336	4,725
流動負債合計	56,982	31,544
固定負債		
長期借入金	504	4,056
リース債務	2,260	1,048
繰延税金負債	91	20
退職給付に係る負債	850	259
資産除去債務	4,289	54
その他	597	954
固定負債合計	8,591	6,391
負債合計	65,573	37,935
純資産の部		
株主資本		
資本金	15,935	7,079
資本剰余金	16,136	1,439
利益剰余金	92,365	35,709
自己株式	△6,496	△4,271
株主資本合計	117,940	39,956
その他の包括利益累計額	△20	△414
非支配株主持分	561	67
純資産合計	118,481	39,609
負債純資産合計	184,054	77,544

〈資料2〉 連結損益計算書 （単位：百万円）

	A社	B社
売上高	231,629	84,934
売上原価	143,733	41,725
売上総利益	87,896	43,209
販売費及び一般管理費	82,130	31,348
営業利益	5,766	11,861
営業外収益		
受取利息及び受取配当金	77	88
持分法による投資利益	－	1,137
その他	1,988	95
営業外収益合計	2,065	1,320
営業外費用		
支払利息	12	126
その他	1,094	73
営業外費用合計	1,106	199
経常利益	6,725	12,982
特別利益		
固定資産売却益	5	1
その他	126	46
特別利益合計	131	47
特別損失		
固定資産除却損	153	5
減損損失	2,095	257
店舗閉鎖損失	161	2
投資有価証券評価損	78	－
その他	18	63
特別損失合計	2,505	327
税金等調整前当期純利益	4,351	12,702
法人税, 住民税及び事業税	2,687	4,132
（　　　　　　）	（　　　　）	（　　　　）
（　　　　　　）	（　　　　）	（　　　　）
当期純利益	（　　　　）	9,284
（　　　　　　）	8	（　　　　）
（　　　　　　）	（ ア 　　）	9,243

214

〈資料3〉 連結包括利益計算書 （単位：百万円）

	A社	B社
（　　　　　　　　　）	1,892	（　　　　）
その他の包括利益	△784	（　　　　）
包括利益	1,108	8,425
（内訳）		
親会社株主に係る包括利益	1,101	8,386
非支配株主に係る包括利益	7	39

〈資料4〉 連結株主資本等変動計算書（A社, 株主資本のみを抜粋）（単位：百万円）

	株主資本				
	（　　　）	（　　　）	利益剰余金	自己株式	株主資本合計
（　　　　　　　　）	15,935	（　　　）	（　　　）	（　　　）	（　　　）
当期変動額					
（　　　　　　　）			（イ　　　）		（　　　）
（　　　　　　　）			1,884		（　　　）
自己株式の取得				△804	（　　　）
当期変動額合計			（　　　）	△804	（　　　）
（　　　　　　）	（　　　）	（ウ　　　）	（　　　）	（　　　）	（　　　）

〈資料 5〉　連結キャッシュ・フロー計算書　　　　　　　　（単位：百万円）

	A社	B社
営業活動によるキャッシュ・フロー		
（　　　　　　　　　　　　　　）	（　　　　）	（　　　　）
減価償却費	（　　　　）	（　　　　）
減損損失	（エ　　　）	（　　　　）
のれん償却額	568	－
引当金の増減額	△298	779
退職給付に係る負債の増減額	650	△279
受取利息及び受取配当金	（　　　　）	（　　　　）
支払利息	12	126
持分法による投資利益	－	（オ　　　）
固定資産除売却損益	148	4
投資有価証券評価損	78	－
売上債権の増減額	△672	△1,270
棚卸資産の増減額	6,412	△772
仕入債務の増減額	△2,448	3,202
その他	（　　　　）	（　　　　）
小計	13,521	16,140
利息及び配当金の受取額	33	626
利息の支払額	△12	△124
法人税等の支払額	△5,970	△3,479
営業活動によるキャッシュ・フロー	7,572	13,163
投資活動によるキャッシュ・フロー		
定期預金の預入による支出	△10	△127
定期預金の払戻による収入	－	128
固定資産の取得による支出	△3,549	△742
固定資産の売却による収入	10	1
投資有価証券の取得による支出	△150	△885
投資有価証券の売却による収入	－	98
その他	689	△557
投資活動によるキャッシュ・フロー	△3,010	△2,084
財務活動によるキャッシュ・フロー		
長期借入れによる収入	－	50
長期借入金の返済による支出	△10	△2,995
リース債務の返済による支出	△286	△745
自己株式の取得による支出	（カ　　　）	（　　　　）
配当金の支払額	△1,558	△1,387
その他	（　　　　）	（　　　　）
財務活動によるキャッシュ・フロー	△2,658	△7,933
現金及び現金同等物に係る換算差額	（　　　　）	（　　　　）
現金及び現金同等物の増減額	（　　　　）	（　　　　）
現金及び現金同等物の期首残高	16,563	9,234
現金及び現金同等物の期末残高	（　　　　）	（キ　　　）

216

〈資料6〉 注記事項 （A社）

（連結株主資本等変動計算書関係）
配当に関する事項

決議	株式の種類	配当金の総額 （百万円）	1株当たり 配当額（円）	基準日	効力発生日
X1.4.17 取締役会	普通株式	783	17.50	X1.3.31	X1.6.8
X1.11.9 取締役会	普通株式	775	17.50	X1.9.30	X1.12.10

（連結キャッシュ・フロー計算書関係）
現金及び現金同等物の期末残高と連結貸借対照表に掲記されている科目の金額との関係
（単位：百万円）

	A社	B社
（ ）	（ ）	（ ）
預入期間が3カ月を超える定期預金等	△11	△1,238
現金及び現金同等物	（ ）	（ ）

〈分析にあたっての留意事項〉

① 剰余金の配当をする場合に，会社法に規定する額を計上しなければなら
ない準備金は考慮しない。

② 変動費に該当する費用は売上原価のみであり，損益分岐点分析に用いる
利益は営業利益とする。

③ 発行済株式数は，A社44.4百万株，B社22.7百万株である。

④ 期末の株価は，A社1,220円，B社16,160円である。

⑤ 同業種の平均PERは，18.5倍である。

【問1】 〈資料2〉の空欄（　ア　）に当てはまる数値を選びなさい。

①　△784　　②　1,101　　③　1,108　　④　1,884　　⑤　1,892

【問2】 〈資料4〉の空欄（　イ　）に当てはまる数値を選びなさい。

①　△1,558　　②　△1,101　　③　△783　　④　1,101　　⑤　1,558

【問3】 〈資料4〉の空欄（　ウ　）に当てはまる数値を選びなさい。

① △6,497　② 561　③ 15,935　④ 16,136　⑤ 117,940

【問4】 〈資料5〉の空欄（　エ　）に当てはまる数値を選びなさい。

① △2,256　② △2,095　③ 2,095　④ 2,256　⑤ 2,409

【問5】 〈資料5〉の空欄（　オ　）に当てはまる数値を選びなさい。

① △1,225　② △1,137　③ 88　④ 1,137　⑤ 1,225

【問6】 〈資料5〉の空欄（　カ　）に当てはまる数値を選びなさい。

① △6,497　② △5,693　③ △804　④ 804　⑤ 6,497

【問7】 〈資料5〉の空欄（　キ　）に当てはまる数値を選びなさい。

① 3,123　② 12,357　③ 12,379　④ 13,595　⑤ 26,869

【問8】　次の文章について，正誤の組み合わせとして正しいものを選びなさい。

（ア）手元流動性比率からみると，Ａ社の方が債務返済に必要な資金が確保
　　　されていると判断できる。

（イ）固定比率からみると，Ａ社の方が長期的な安全性は高いと判断できる。

---

① （ア）正　（イ）正　　　② （ア）正　（イ）誤
③ （ア）誤　（イ）正　　　④ （ア）誤　（イ）誤

【問9】　次の文章について，正誤の組み合わせとして正しいものを選びなさい。

（ア）ネットキャッシュは，マイナスになることはない。

（イ）ネットキャッシュからみると，両社とも短期の支払資金に余裕がある
　　　と判断できる。

218

① （ア）正 （イ）正　　② （ア）正 （イ）誤

③ （ア）誤 （イ）正　　④ （ア）誤 （イ）誤

【問10】　次の文章について，正誤の組み合わせとして正しいものを選びなさい。

（ア）負債比率を高めると，財務レバレッジは低くなる。

（イ）負債比率からみると，A社の方が長期的な安全性は高いと判断できる。

① （ア）正 （イ）正　　② （ア）正 （イ）誤

③ （ア）誤 （イ）正　　④ （ア）誤 （イ）誤

【問11】　次の文章の空欄 （　ア　）と （　イ　）に当てはまる語句の適切な組み合わせを選びなさい。

・インタレスト・カバレッジ・レシオを求める算式の分子は，（　ア　）である。

・インタレスト・カバレッジ・レシオからみると，A社の方が金利の支払能力は（　イ　）と判断できる。

① （ア）営業利益 （イ）高い　　② （ア）営業利益 （イ）低い

③ （ア）事業利益 （イ）高い　　④ （ア）事業利益 （イ）低い

【問12】　次の文章の空欄 （　ア　）と （　イ　）に当てはまる語句と数値の適切な組み合わせを選びなさい。

・ROEからみると，株主からの出資に対する利益効率は（　ア　）の方が良好と判断できる。

・A社は，来年度のROEの目標値を5％に設定しており，総資本回転率と財務レバレッジの数値が今年度と変わらないと仮定すると，来年度の売上高当期純利益率を（　イ　）％に引き上げる必要がある。

① （ア）A社 （イ）2.5   ② （ア）A社 （イ）6.0

③ （ア）B社 （イ）2.5   ④ （ア）B社 （イ）6.0

【問13】 次の文章について，正誤の組み合わせとして正しいものを選びなさい。

（ア）キャッシュ・コンバージョン・サイクルは，棚卸資産回転率を高めると改善される。

（イ）キャッシュ・コンバージョン・サイクルからみると，A社の方が営業循環過程における資金収支の効率性が高いと判断できる。

① （ア）正 （イ）正   ② （ア）正 （イ）誤

③ （ア）誤 （イ）正   ④ （ア）誤 （イ）誤

【問14】 次の文章について，正誤の組み合わせとして正しいものを選びなさい。

（ア）営業キャッシュ・フロー・マージンからみると，A社の方がキャッシュ・フローにもとづく収益性は良好と判断できる。

（イ）設備投資額対キャッシュ・フロー比率からみると，両社はともに営業キャッシュ・フローの範囲内で設備投資が行われていると判断できる。

① （ア）正 （イ）正   ② （ア）正 （イ）誤

③ （ア）誤 （イ）正   ④ （ア）誤 （イ）誤

【問15】 次の文章について，正誤の組み合わせとして正しいものを選びなさい。

（ア）変動費率が高くなると，限界利益率は高くなる。

（イ）限界利益率は，A社の方が高い。

① （ア）正 （イ）正   ② （ア）正 （イ）誤

③ （ア）誤 （イ）正   ④ （ア）誤 （イ）誤

【問16】 次の文章について，正誤の組み合わせとして正しいものを選びなさい。

（ア）損益分岐点比率からみると，Ａ社の方が売上高の変動に対する利益確
保の余裕があると判断できる。

（イ）Ｂ社の変動費率と固定費額が一定である場合，売上高が現在よりも
20％減少すると営業損失となる。

① （ア）正 （イ）正　　　② （ア）正 （イ）誤
③ （ア）誤 （イ）正　　　④ （ア）誤 （イ）誤

【問17】 次の文章について，正誤の組み合わせとして正しいものを選びなさい。

（ア）PERは，将来の利益水準への期待感が大きければ高めになる。

（イ）PERは，両社とも同業平均より高い。

① （ア）正 （イ）正　　　② （ア）正 （イ）誤
③ （ア）誤 （イ）正　　　④ （ア）誤 （イ）誤

【問18】 次の文章について，正誤の組み合わせとして正しいものを選びなさい。

（ア）株価キャッシュ・フロー倍率は，Ａ社の方が高い。

（イ）Ａ社の株主資本配当率は，0.8％である。

① （ア）正 （イ）正　　　② （ア）正 （イ）誤
③ （ア）誤 （イ）正　　　④ （ア）誤 （イ）誤

【問19】 次の文章について，正誤の組み合わせとして正しいものを選びなさい。

（ア）株式益回りは，配当利回りの逆数である。

（イ）株式益回りは，Ａ社の方が高い。

① （ア）正 （イ）正　　　② （ア）正 （イ）誤
③ （ア）誤 （イ）正　　　④ （ア）誤 （イ）誤

第24回 2級 【解答・解説】

I

【問1】 ④
（ア）子会社の説明です。
（イ）親会社の投資と子会社の資本が相殺消去されます。
　⋯▷［テキスト］第2章第2節❷・第3節❷参照

【問2】 ③
（ア）再調達原価の説明です。
　⋯▷［テキスト］第3章第2節❷参照

【問3】 ④
（ア）株主資本，その他の包括利益累計額，新株予約権，非支配株主持分の4つに分類されます。
（イ）利益準備金ではなく，資本準備金です。
　⋯▷［テキスト］第3章第4節❶❷参照

【問4】 ④
（ア）連結損益計算書には，連結会社間取引を相殺消去した後の売上高が記載されます。
（イ）当期製品製造原価の説明です。
　⋯▷［テキスト］第4章第3節❷❸参照

【問5】 ③
（ア）当期純利益（連結グループ全体の株主に帰属する利益）の説明です。
　⋯▷［テキスト］第4章第7節❶❸参照

【問6】 ④
（ア）営業活動によるキャッシュ・フローを間接法により表示する場合の説明です。
（イ）法人税等の支払額は，営業活動によるキャッシュ・フローの区分に記載されます。
　⋯▷［テキスト］第7章第5節参照

【問7】 ②
（イ）引当金明細表ではなく，資産除去債務明細表を作成する必要があります。
　⋯▷［テキスト］第8章第1節・第2節参照

223

Ⅱ

【問1】 ③

⋯▷［テキスト］第1章第2節❶参照

【問2】 ②

⋯▷［テキスト］第2章第1節❷参照

【問3】 ③

⋯▷［テキスト］第3章第3節❷❸参照

【問4】 ②

ア．製品保証引当金，イ．貸倒引当金，ウ．賞与引当金についての説明であり，ア，ウが該当します。

⋯▷［テキスト］第3章第3節❷コラム，❸参照

【問5】 ②

⋯▷［テキスト］第4章第4節❷参照

【問6】 ③

③は為替差損（営業外費用）についての説明です。

⋯▷［テキスト］第5章第2節❸参照

【問7】 ④

⋯▷［テキスト］第6章第3節参照

【問8】 ④

社債の発行による収入は，財務活動によるキャッシュ・フローの区分に含まれます。

⋯▷［テキスト］第7章第6節参照

【問9】 ④

⋯▷［テキスト］第8章第5節❸❹❺❻❼参照

【問10】 ⑤

投資その他の資産790＝長期貸付金500＋その他有価証券240（時価）＋長期前払費用50

⋯▷［テキスト］第3章第2節❹参照

【問11】　③

営業外費用230＝支払利息150＋有価証券売却損50＋持分法による投資損失30

　…〉〔テキスト〕第4章第5節❸参照

Ⅲ

【問1】	②	【問2】	①	【問3】	②	【問4】	②	【問5】	④
【問6】	④	【問7】	①	【問8】	③	【問9】	③	【問10】	②
【問11】	②	【問12】	②	【問13】	④	【問14】	④	【問15】	③
【問16】	④								

【問1】

（ア）連結損益計算書に「持分法による投資利益」が計上されていることから判断できます。

（イ）A社は「リース資産」の借手です。

【問2】

（ア）連結貸借対照表に「為替換算調整勘定」が計上されていることから判断できます。

（イ）連結財務諸表に「非支配株主」に関する項目が計上されていることから判断できます。

【問3】

（ア）連結キャッシュ・フロー計算書に「連結範囲の変更を伴う子会社株式の取得による支出」が計上されていることから判断できます。

（イ）X1年度には連結キャッシュ・フロー計算書に「長期借入れによる収入」が計上されていないことから判断できます。

【問4】

（ア）連結キャッシュ・フロー計算書「有形固定資産の取得による支出」から判断できます。

（イ）営業活動により生み出したキャッシュと財務活動により調達したキャッシュを，投資活動に充てているといえます。

各指標は，以下のとおりです。

	指　標	X1年度	X2年度
【問5】	手元流動性比率（月）		1.2
	・手元流動性（百万円）		115,000
【問6】	固定比率（％）	106.3	130.2
【問7】	自己資本当期純利益率（％）	9.8	11.7
	売上高当期純利益率（％）	6.1	7.9
	総資本回転率（回）	1.07	0.88
	財務レバレッジ（％）	151.6	169.7
【問8】	総資本経常利益率（％）	9.9	11.3
	売上高経常利益率（％）	9.3	12.9
【問9】	営業キャッシュ・フロー・マージン（％）	6.0	11.9
【問10】	損益分岐点売上高（百万円）		856,842
【問11】	経営安全率（％）	20.6	27.4
【問12】	PER（倍）	14.04	8.35
	・EPS（円）	113.00	155.00
【問13】	配当性向（％）	13.3	9.7
【問14】	配当利回り（％）		1.16
【問15】	従業員1人当たり売上高（百万円）	65.03	71.08
	従業員1人当たり経常利益（百万円）	6.03	9.20
【問16】	労働装備率（百万円）	35.73	54.94
	資本集約率（百万円）	60.91	81.20

･･▷［テキスト】【問1】第3章第2節❸コラム，第4章第5節❷参照

【問2】第3章第4節❸❺，第4章第7節❹参照

【問3】第7章第6節，第7節参照　【問4】第7章第6節，第8節参照

【問5】第9章第3節❷参照　【問6】第9章第3節❸参照

【問7】第9章第4節❹❽参照　【問8】第9章第4節❽参照

【問9】第9章第5節❸参照　【問10】第9章第8節❺参照

【問11】第9章第8節❻参照　【問12】第9章第9節❷参照

【問13】第9章第9節❽参照　【問14】第9章第9節❾参照

【問15】第9章第10節❶参照　【問16】第9章第10節❷参照

Ⅳ

【問1】	④	【問2】	①	【問3】	②	【問4】	③	【問5】	④
【問6】	④	【問7】	④	【問8】	①	【問9】	②	【問10】	④
【問11】	①	【問12】	③	【問13】	①	【問14】	②	【問15】	③
【問16】	④								

〈資料1〉　連結貸借対照表　（空欄部分）

	X1年度	X2年度
資産の部		
流動資産		
棚卸資産	（ ア　　400）	350
その他	（　　　960）	1,270
負債の部		
流動負債		
短期借入金	8,500	（ イ　1,600）
⋮	⋮	⋮
その他	2,800	（　　3,700）
固定負債		
長期借入金	27,400	（　31,800）
その他	6,000	（　　5,700）
純資産の部		
株主資本		
利益剰余金	△1,300	（ ウ　1,450）
株主資本合計	11,800	（　14,550）
非支配株主持分	100	（　　　150）

〈資料3〉　連結包括利益計算書　（空欄部分）

	X1年度	X2年度
（当期純利益　　　　　）	（　　△400）	（ エ　2,800）
その他の包括利益	（　　　100）	（　　　100）

〈資料4〉 X2年度連結株主資本等変動計算書 （空欄部分）

	株主資本			
	資本金	利益剰余金	自己株式	株主資本合計
当期変動額				
（親会社株主に帰属する 当期純利益）		（　　2,750）		（　　2,750）
当期変動額合計		（　　2,750）		（　　2,750）
当期末残高	13,200	（　　1,450）	△100	（　　14,550）

〈資料5〉 連結キャッシュ・フロー計算書 （空欄部分）

	X1年度		X2年度	
営業活動によるキャッシュ・フロー				
税金等調整前当期純利益		△400		2,500
減価償却費	（	2,300）	（ オ	1,600）
貸倒引当金の増減額		0	（ カ	20）
賞与引当金の増減額		50		100
減損損失	（	1,800）	（	100）
固定資産売却損益		－	（ キ	△200）
固定資産除却損	（	100）	（	200）
受取利息及び受取配当金	（ ク	△10）	（	△10）
支払利息	（	300）	（	400）
売上債権の増減額		400	（ ケ	△100）
棚卸資産の増減額		△100		50
仕入債務の増減額		△100	（	△100）
その他		△3,510	（	730）
⋮	⋮		⋮	
現金及び現金同等物の（増減額　）	（	△2,300）	（	500）
現金及び現金同等物の（期首残高　）	（	5,300）	（	3,000）
現金及び現金同等物の（期末残高　）	（	3,000）	（ コ	3,500）

〈資料6〉　注記事項　（空欄部分）
（連結キャッシュ・フロー計算書関係）
現金及び現金同等物の期末残高と連結貸借対照表に掲記されている科目の金額との関係

	X1年度	X2年度
現金及び預金勘定	（　　3,100）	（　　3,600）
預入期間が3か月を超える定期預金	△100	△100
現金及び現金同等物	（　　3,000）	（　　3,500）

【問1】
　連結キャッシュ・フロー計算書「棚卸資産の増減額」から算定できます。

【問2】
　連結キャッシュ・フロー計算書「短期借入金の純増減額」から算定できます。

【問3】
　当該項目の連結株主資本等変動計算書「当期末残高」から導くことができます。

【問4】
　連結損益計算書「当期純利益」から導くことができます。

【問5】
　〈資料6〉注記事項（連結損益計算書関係）から判断できます。商品販売業のため，売上原価には減価償却費は含まれません。

【問6】
　連結貸借対照表の流動資産と固定資産の貸倒引当金から算定できます。

【問7】【問8】
　連結損益計算書の該当項目から導くことができます。

【問9】
　連結貸借対照表の該当項目の期間比較から算定できます。

【問10】
　〈資料6〉注記事項（連結キャッシュ・フロー計算書関係）から算定できます。

各指標は，以下のとおりです。

指 標		X1年度	X2年度
【問11】	流動比率（％）	50.4	96.4
	営業キャッシュ・フロー対流動負債比率（％）	0.3	55.4
【問12】	ネットキャッシュ（百万円）	△35,400	△31,200
	・手元流動性（百万円）	3,600	39,000
	・有利子負債（百万円）	4,100	35,300
【問13】	固定長期適合率（％）	113.3	100.5
	負債比率（％）	495.6	371.1
【問14】	インタレスト・カバレッジ・レシオ（倍）	6.7	3.8
	・事業利益（百万円）	2,010	1,530
【問15】	ROE（％）	65.03	71.08
【問16】	PBR（倍）	2.57	1.41
	・BPS（円）	113	142

⋯▷〔テキスト〕【問1】第7章第5節参照　【問2】第7章第7節参照
　　　　　　【問3】第6章第2節参照　【問4】第5章第3節❶参照
　　　　　　【問5】第7章第5節参照　【問6】第7章第5節参照
　　　　　　【問7】第7章第5節参照　【問8】第7章第5節参照
　　　　　　【問9】第7章第5節参照　【問10】第9章第2節❹参照
　　　　　　【問11】第9章第3節❷，第5節❺参照　【問12】第9章第3節❷参照
　　　　　　【問13】第9章第3節❸参照　【問14】第9章第3節❸参照
　　　　　　【問15】第9章第4節❹❽参照　【問16】第9章第9節❹参照

第28回 2 級【解答・解説】

I

【問 1 】 ②

（イ）満期保有目的の債券の貸借対照表価額は，取得原価または償却原価法によって算定された価額となります。

⋯⇒［テキスト］第 2 章第 3 節❶，第 3 章第 2 節❸参照

【問 2 】 ①

⋯⇒［テキスト］第 3 章第 2 節❸参照

【問 3 】 ②

⋯⇒［テキスト］第 3 章第 3 節❸コラム参照

【問 4 】 ④

（ア）当期総製造費用の説明です。

（イ）売上原価＝製品期首棚卸高＋当期製品製造原価−製品期末棚卸高 で計算されます。

⋯⇒［テキスト］第 4 章第 3 節❸参照

【問 5 】 ④

（ア）製造現場の従業員に支払う給料などの人件費は，労務費となり売上原価に含まれます。

（イ）貸倒引当金繰入額は，販売費及び一般管理費に含まれます。

⋯⇒［テキスト］第 4 章第 3 節❸，第 4 節❷参照

【問 6 】 ③

⋯⇒［テキスト］第 4 章第 3 節❷，第 7 節❹参照

【問 7 】 ①

⋯⇒［テキスト］第 6 章第 3 節参照

【問 8 】 ①

（ア）貸借対照表では有価証券に含まれる，取得日から 3 カ月以内の短期投資である譲渡性預金，コマーシャル・ペーパー，売戻条件付現先，公社債投資信託は，キャッシュ・フロー計算書の現金同等物に含まれます。

⋯⇒［テキスト］第 7 章第 2 節❷❸参照

231

【問9】 ④

（イ）この場合，株価純資産倍率は高くなりがちです。

　　⋯▷ ［テキスト］第9章第9節❹参照

Ⅱ

【問1】 ③

　⋯▷ ［テキスト］第2章第1節❷参照

【問2】 ④

イは特別損失，オは特別利益に分類されます。

　⋯▷ ［テキスト］第4章第5節，第6節参照

【問3】 ⑤

　⋯▷ ［テキスト］第3章第3節❷コラム参照

【問4】 ①

オが該当します。

　⋯▷ ［テキスト］第7章第7節参照

【問5】 ②

　⋯▷ ［テキスト］第8章第2節参照

【問6】 ②

有形固定資産39,900＝建物25,600＋土地4,200＋運搬具3,100＋建設仮勘定7,000

営業取引に関するリース投資資産は流動資産に含まれます。

　　⋯▷ ［テキスト］第3章第2節❸❹参照

【問7】 ③

（2計算書方式による様式で記載。包括利益の内訳は省略。）

当期純利益	12,000
その他の包括利益	
その他有価証券評価差額金	400
為替換算調整勘定	△800
退職給付に係る調整額	△600
持分法適用会社に対する持分相当額	500
その他の包括利益合計	△500
包括利益	11,500

　　⋯▷ ［テキスト］第5章第2節❸参照

【問8】 ②

（ア）1人当たり営業利益

A社8（百万円）

B社7（百万円）

（イ）資本集約率

A社100（百万円）

B社120（百万円）

···▶ ［テキスト］第9章第10節❶❷参照

Ⅲ

【問1】 ④　　【問2】 ③　　【問3】 ④　　【問4】 ②　　【問5】 ④

【問6】 ②　　【問7】 ③　　【問8】 ①　　【問9】 ③　　【問10】 ②

【問11】 ④　　【問12】 ④　　【問13】 ②　　【問14】 ④

〈資料1〉　連結貸借対照表　（空欄部分）

	X1年度	X2年度
資産の部		
流動資産		
棚卸資産	（ ア 18,800)	15,600
その他	（ 26,800)	33,800

〈資料 2〉 **連結損益計算書** （空欄部分）

	X1年度	X2年度
売上高	(561,600)	(イ 591,800)
⋮	⋮	⋮
売上総利益	(162,200)	(167,800)
⋮	⋮	⋮
営業利益	(33,200)	(34,600)
⋮	⋮	⋮
経常利益	(37,200)	(43,800)
⋮	⋮	⋮
税金等調整前当期純利益	(38,800)	(46,800)
⋮	⋮	⋮
当期純利益	(25,000)	(32,600)
非支配株主に帰属する当期純利益	600	800
親会社株主に帰属する当期純利益	(24,400)	(31,800)

〈資料 3〉 **連結キャッシュ・フロー計算書** （空欄部分）

	X1年度	X2年度
営業活動によるキャッシュ・フロー		
（税金等調整前当期純利益 ）	(38,800)	(ウ 46,800)
減価償却費	(20,800)	(19,000)
投資有価証券売却益	(△1,000)	(エ △1,200)
投資有価証券評価損	(400)	(オ 400)
⋮	⋮	⋮
受取利息及び受取配当金	(△2,600)	(△2,400)
⋮	⋮	⋮
小計	(34,400)	(61,000)
利息及び配当金の受取額	(2,800)	(2,800)

各指標は，以下のとおりです。

	指　標	X1年度	X2年度
【問5】	正味運転資本（百万円）	235,600	226,600
	当座比率（％）※1	247.1	227.8
	・当座資産（百万円）※1	319,200	315,800
	当座比率（％）※2	267.8	252.2
	・当座資産（百万円）※2	346,000	349,600
【問6】	固定長期適合率（％）	65.1%	68.3%
	自己資本比率（％）	76.8%	75.7%
【問7】	総資本事業利益率（％）	4.6%	5.2%
	・事業利益（百万円）	36,600	44,000
【問8】	売上高事業利益率（％）	6.5%	7.4%
	総資本回転率（回）	0.7回	0.7回
【問9】	自己資本当期純利益率（％）	3.9%	4.9%
【問10】	売上高当期純利益率（％）	4.3%	5.4%
	財務レバレッジ（％）	130.2%	132.0%
【問11】	セグメント売上高利益率（％）※3　　A事業	6.2%	6.0%
	B事業	10.3%	6.3%
	C事業	1.8%	5.0%
	セグメント売上高利益率（％）※4　　A事業	6.1%	6.0%
	B事業	10.0%	6.0%
	C事業	1.4%	4.0%
【問12】	セグメント資産利益率（％）　　A事業	5.8%	5.5%
	B事業	7.3%	4.5%
	C事業	1.2%	3.5%
【問13】	売上債権回転期間（日）	103.5日	100.3日
【問14】	自己資本営業キャッシュ・フロー比率（％）	4.2%	7.3%
	営業キャッシュ・フロー対流動負債比率（％）	20.3%	34.1%

※1　当座資産＝流動資産合計－棚卸資産－その他　で算定
※2　当座資産＝流動資産合計－棚卸資産　で算定
※3　売上高＝外部顧客への売上高　で算定
※4　売上高＝外部顧客への売上高＋セグメント間の内部売上高又は振替高（＝「計」欄金額）で算定

⋯> ［テキスト］【問1】第7章第5節参照　【問2】第8章第5節❾，第9章第6節参照
　　　　　　【問3】第7章第5節参照　【問4】第7章第5節参照
　　　　　　【問5】第9章第3節❷参照　【問6】第9章第3節❸参照
　　　　　　【問7】第9章第4節❷参照　【問8】第9章第4節❽参照
　　　　　　【問9】第9章第4節❹参照　【問10】第9章第4節❽参照
　　　　　　【問11】第9章第6節参照　【問12】第9章第6節参照
　　　　　　【問13】第9章第4節❼参照　【問14】第9章第5節❹❺参照

Ⅳ
【問1】④　　【問2】①　　【問3】④　　【問4】③　　【問5】②
【問6】③　　【問7】②　　【問8】③　　【問9】③　　【問10】③
【問11】③　　【問12】③　　【問13】②　　【問14】③　　【問15】④
【問16】④　　【問17】①　　【問18】④　　【問19】③

〈資料2〉　連結損益計算書　（空欄部分）

	A社		B社	
（法人税等調整額　　　）	（	△228）	（	△714）
（法人税等合計　　　　）	（	2,459）	（	3,418）
当期純利益	（	1,892）		9,284
（非支配株主に帰属する当期純利益）		8	（	41）
（親会社株主に帰属する当期純利益）	（ ア	1,884）		9,243

〈資料3〉　連結包括利益計算書　（空欄部分）

	A社	B社	
（当期純利益　　　　　　　）	1,892	（	9,284）
その他の包括利益	△784	（	△859）

〈資料4〉　連結株主資本等変動計算書（A社，株主資本のみ抜粋）　（空欄部分）

		株主資本			
	（資本金）	（資本剰余金）	利益剰余金	自己株式	株主資本合計
（当期首残高　　　）	15,935	（ 16,136）	（　92,039）	△5,692	（ 118,418）
当期変動額					
（剰余金の配当　　）			（イ △1,558）		（　△1,558）
（親会社株主に帰属する当期純利益）			1,884		（　1,884）
自己株式の取得				△804	（　△804）
自己株式の処分					－
当期変動額合計			（　326）	△804	（　△478）
（当期末残高　　　）	（ 15,935）	（ウ　16,136）	（　92,365）	△6,496	（ 117,940）

〈資料5〉　連結キャッシュ・フロー計算書　（空欄部分）

	A社	B社
営業活動によるキャッシュ・フロー		
（税金等調整前当期純利益　　）	（　　　4,351）	（　　12,702）
減価償却費	（　　　3,965）	（　　1,532）
減損損失	（エ　2,095）	（　　257）
⋮	⋮	⋮
受取利息及び受取配当金	（　△77）	（　△88）
⋮	⋮	⋮
持分法による投資利益	（　－）	（オ　△1,137）
⋮	⋮	⋮
その他	（　△1,268）	（　1,083）
⋮	⋮	⋮
財務活動によるキャッシュ・フロー		
⋮	⋮	⋮
自己株式の取得による支出	（カ　△804）	（　△2,875）
⋮	⋮	⋮
その他	（　－）	（　19）
⋮	⋮	⋮
現金及び現金同等物に係る換算差額	（　△150）	（　△23）
⋮	⋮	⋮
現金及び現金同等物の期首残高	16,563	9,234
現金及び現金同等物の期末残高	（　18,317）	（キ　12,357）

〈資料6〉 注記事項 （空欄部分）

（連結キャッシュ・フロー計算書関係）

現金及び現金同等物の期末残高と連結貸借対照表に掲記されている科目の金額との関係

	A社	B社
（現金及び預金勘定　　　　）	（ 18,328）	（ 13,595）
現金及び現金同等物	（ 18,317）	（ 12,357）

各指標は，以下のとおりです。

	指　標	A社	B社
【問8】	手元流動性比率(月)	0.9	1.9
	・手元流動性(百万円)	18,328	13,595
	固定比率(%)	55.7	94.9
【問9】	ネットキャッシュ(百万円)	15,511	5,170
	・有利子負債(百万円)	2,817	8,425
【問10】	負債比率(%)	55.3	95.8
【問11】	インタレスト・カバレッジ・レシオ(倍)	486.9	103.9
	・事業利益(百万円)	5,843	13,086
【問12】	ROE(%)	1.6	23.3
	総資本回転率(回)	1.3	
	財務レバレッジ(%)	155.3	
【問13】	キャッシュ・コンバージョン・サイクル（日)	76.0	25.9
	・売上債権回転期間 （日)	34.3	57.0
	・棚卸資産回転期間 （日)	107.8	48.5
	・仕入債務回転期間 （日)	66.1	79.6
【問14】	営業キャッシュ・フロー・マージン(%)	3.3	15.5
	設備投資額対キャッシュ・フロー比率(%)	46.7	5.6
【問15】	限界利益率(%)	37.9	50.9
【問16】	損益分岐点比率(%)	93.6	72.5
	・損益分岐点(百万円)	216,702	61,587
【問17】	PER(倍)	28.8	39.7
	・EPS(円)	42.43	407.18
【問18】	株価キャッシュ・フロー倍率(倍)	7.2	27.8
	・1株当たりキャッシュ・フロー(円)	170.5	579.9
	株主資本配当率(%)	1.3	
【問19】	株式益回り(%)	3.5	2.5

【問3】

　連結株主資本等変動計算書の各項目の当期末残高は，連結貸借対照表の純資産の部の計上額と一致します。

【問4】【問5】

　連結損益計算書の各項目の金額が該当します（符号に注意）。

【問12】

　（イ）ROE 5 （％）＝売上高当期利益率×総資本回転率1.3×財務レバレッジ1.553（155.3％）より，売上高当期利益率2.5(％)

【問15】

　（ア）「限界利益率＝１－変動費率」なので，変動費率が高くなると限界利益率は低くなります。

【問16】

　（イ）B社の損益分岐点比率は，72.5％なので，売上高が27.5％以上減少すると営業損失となりますが，20％の減少では営業損失とはなりません。

【問17】

　（参考）　$\text{EPS（円）} = \dfrac{\text{親会社株主に帰属する当期純利益}}{\text{発行済株式数}}$

【問18】

　（参考）　$\text{CFPS（円）} = \dfrac{\text{営業キャッシュ・フロー}}{\text{発行済株式数}}$

【問19】

　（ア）株式益回りは，株価収益率の逆数です。

　　⋯▷［テキスト］【問1】第４章第７節❹，第５章第３節❶参照
　　　　　　　　　　【問2】第６章第３節参照　【問3】第６章第２節参照
　　　　　　　　　　【問4】第７章第５節参照　【問5】第７章第５節参照
　　　　　　　　　　【問6】第６章第３節，第７章第７節参照
　　　　　　　　　　【問7】第７章第２節❹参照　【問8】第９章第３節❷❸参照
　　　　　　　　　　【問9】第９章第３節❷参照　【問10】第９章第３節❸参照
　　　　　　　　　　【問11】第９章第３節❸参照　【問12】第９章第４節❹❽参照
　　　　　　　　　　【問13】第９章第４節❼参照　【問14】第９章第５節❸❻参照

第28回解答・解説

【問15】第 9 章第 8 節❺参照　【問16】第 9 章第 8 節❻参照
【問17】第 9 章第 9 節❷参照　【問18】第 9 章第 9 節❻❿参照
【問19】第 9 章第 9 節⓫参照

2級で対象となる主要指標

テキスト第9章掲載分。ただし，これら以外にも派生的な指標があり，すべてを網羅したものではありません。

また，3級で扱っている指標は，指標名だけを記載し，計算式は省略しました。

基本分析（第2節）〈3級で扱っている指標〉	
＊百分比財務諸表	・貸借対照表構成比率　・損益計算書百分比
＊時系列分析	・対前年度比率　・伸び率（増減率） ・対基準年度比率
安全性の分析（第3節）	
＊短期の安全性	
〈3級で扱っている指標〉	・流動比率　・正味運転資本　・当座比率 ・手元流動性（手元資金）
・手元流動性比率（％）	$= \dfrac{手元流動性}{売上高÷12} ×100$
・ネットキャッシュ	$=$ 手元流動性（手元資金）－有利子負債
＊長期の安全性	
〈3級で扱っている指標〉	・自己資本比率
・固定比率（％）	$= \dfrac{固定資産}{純資産} ×100$
・固定長期適合率（％）	$= \dfrac{固定資産}{純資産＋固定負債} ×100$
・負債比率（％）	$= \dfrac{負債}{純資産} ×100$
・インタレスト・カバレッジ・レシオ（倍）	$= \dfrac{事業利益}{支払利息・社債利息等}$
収益性の分析（第4節）	
〈3級で扱っている指標〉	・総資本経常利益率　・売上高経常利益率 ・資本回転率　・自己資本当期純利益率 ・売上高当期純利益率　・財務レバレッジ
・総資本事業利益率（％）	$= \dfrac{事業利益}{総資本} ×100$
・経営資本営業利益率（％）	$= \dfrac{営業利益}{経営資本} ×100$
・売上債権回転期間（日）	$= 365÷ \dfrac{売上高}{売上債権} = \dfrac{365}{売上債権回転率}$

・棚卸資産回転率(回)	$= \dfrac{売上高}{棚卸資産}$
・棚卸資産回転期間(日)	$= 365 \div \dfrac{売上高}{棚卸資産} = \dfrac{365}{棚卸資産回転率}$
・仕入債務回転率(回)	$= \dfrac{売上高}{仕入債務}$
・仕入債務回転期間(日)	$= 365 \div \dfrac{売上高}{仕入債務} = \dfrac{365}{仕入債務回転率}$
・キャッシュ・コンバージョン・サイクル	$=$ 売上債権回転期間 + 棚卸資産回転期間 − 仕入債務回転期間

キャッシュ・フロー分析（第5節）

〈3級で扱っている指標〉	・フリー・キャッシュ・フロー
・営業キャッシュ・フロー・マージン(%)	$= \dfrac{営業キャッシュ・フロー}{売上高} \times 100$
・自己資本営業キャッシュ・フロー比率(%)	$= \dfrac{営業キャッシュ・フロー}{自己資本（＝純資産）} \times 100$
・営業キャッシュ・フロー対流動負債比率(%)	$= \dfrac{営業キャッシュ・フロー}{流動負債} \times 100$
・設備投資額対キャッシュ・フロー比率(%)	$= \dfrac{設備投資額}{営業キャッシュ・フロー} \times 100$

連単倍率・規模倍率（第6節）

・連単倍率(倍)	$= \dfrac{連結の財務諸表項目数値}{個別の財務諸表項目数値}$
・規模倍率(倍)	$= \dfrac{比較会社の財務諸表項目数値}{基準会社の財務諸表項目数値}$

損益分岐点分析（第8節）

・変動費率	$= \dfrac{変動費}{売上高}$ （実数または×100(%)）
・限界利益率	$= 1 - \dfrac{変動費}{売上高} = 1 - 変動費率 = \dfrac{限界利益}{売上高}$ （実数または×100(%)）
・損益分岐点	$= \dfrac{固定費}{1 - \dfrac{変動費}{売上高}} = \dfrac{固定費}{1 - 変動費率} = \dfrac{固定費}{限界利益率}$

・損益分岐点比率（％）	$= \dfrac{\text{損益分岐点}}{\text{売上高}} \times 100$
・経営安全率（％）	$= 100 - \text{損益分岐点比率}$
1株当たり分析（第9節）	
〈3級で扱っている指標〉	・1株当たり当期純利益（EPS）　・株価収益率（PER） ・1株当たり純資産（BPS）　・株価純資産率（PBR） ・時価総額
・1株当たりキャッシュ・フロー（CFPS）（円）	$= \dfrac{\text{営業キャッシュ・フロー}}{\text{発行済株式数}}$
・株価キャッシュ・フロー率（PCFR）（倍）	$= \dfrac{\text{1株当たり株価}}{\text{1株当たりキャッシュ・フロー}}$
・1株当たり配当額（円）	$= \dfrac{\text{配当金総額}}{\text{発行済株式数}}$
・配当性向（％）	$= \dfrac{\text{1株当たり配当額}}{\text{1株当たり当期純利益}} \times 100 = \dfrac{\text{配当額総額}}{\text{当期純利益}} \times 100$
・配当利回り（％）	$= \dfrac{\text{1株当たり配当額}}{\text{1株当たり株価}} \times 100$
・株主資本配当率（％）	$= \dfrac{\text{1株当たり配当額}}{\text{1株当たり純資産}} \times 100 = \dfrac{\text{配当額総額}}{\text{純資産}} \times 100$
・株式益回り（％）	$= \dfrac{\text{1株当たり当期純利益}}{\text{1株当たり株価}} \times 100$
1人当たり分析（第10節）	
〈3級で扱っている指標〉	・従業員1人当たり売上高
・従業員1人当たり利益	$= \dfrac{\text{損益計算書の各種の利益}}{\text{従業員数}}$
・1人当たり総資産（資本集約率）	$= \dfrac{\text{資産合計}}{\text{従業員数}}$
・1人当たり有形固定資産（労働装備率）	$= \dfrac{\text{有形固定資産}}{\text{従業員数}}$
・1人当たり人件費	$= \dfrac{\text{人件費}}{\text{従業員数}}$

2級で対象となる主要指標

ビジネス会計検定試験のご案内

1．級別概要

	3 級	2 級	1 級
到達目標	会計の用語，財務諸表の構造・読み方・分析等，財務諸表を理解するための基礎的な力を身につける。	企業の経営戦略や事業戦略を理解するため，財務諸表を分析する力を身につける。	企業の成長性や課題，経営方針・戦略などを理解・判断するため，財務諸表を含む会計情報を総合的かつ詳細に分析し企業評価できる力を身につける。
出題範囲	1．財務諸表の構造や読み方に関する基礎知識 ①財務諸表とは （財務諸表の役割と種類） ②貸借対照表，損益計算書，キャッシュ・フロー計算書の構造と読み方 （貸借対照表〈資産，負債，純資産〉・損益計算書〈売上総利益，営業利益，経常利益，税引前当期純利益，当期純利益〉・キャッシュ・フロー計算書の内容）	1．財務諸表の構造や読み方，財務諸表を取り巻く諸法令に関する知識 ①会計の意義と制度 （会計の役割，会計の制度〈金融商品取引法・会社法の会計制度，金融商品取引所の開示規則〉） ②連結財務諸表の構造と読み方 （財務諸表の種類，連結貸借対照表・連結損益計算書・連結包括利益計算書・株主資本等変動計算書・連結キャッシュ・フロー計算書の内容，附属明細表と注記）	1．会計情報に関する総合的な知識 ①ディスクロージャー （会社法上のディスクロージャー，金融商品取引法上のディスクロージャー，証券取引所のディスクロージャー，任意開示，ディスクロージャーの電子化） ②財務諸表と計算書類 （財務諸表と計算書類の体系，連結損益計算書・連結包括利益計算書・連結貸借対照表・連結キャッシュ・フロー計算書・連結株主資本等変動計算書の内容） ③財務諸表項目の要点 （金融商品，棚卸資産，固定資産と減損，繰延資産と研究開発費，引当金と退職給付，純資産，外貨換算，リース会計，税効果，会計方針の開示および会計上の変更等，連結財務諸

245

		表注記と連結附属明細表，セグメント情報，企業結合・事業分離） ④財務諸表の作成原理（概念フレームワーク，会計基準，内部統制）
2．財務諸表の基本的な分析 ①基本分析 ②成長率および伸び率の分析 ③安全性の分析 ④キャッシュ・フロー情報の利用 ⑤収益性の分析 ⑥1株当たり分析 ⑦1人当たり分析	2．財務諸表の応用的な分析 ①基本分析 ②安全性の分析 ③収益性の分析 ④キャッシュ・フローの分析 ⑤セグメント情報の分析 ⑥連単倍率と規模倍率 ⑦損益分岐点分析 ⑧1株当たり分析 ⑨1人当たり分析	2．財務諸表を含む会計情報のより高度な分析 ①財務諸表分析 　分析の視点と方法，収益性の分析，生産性の分析，安全性の分析，不確実性の分析，成長性の分析 ②企業価値分析 　企業価値評価のフレームワーク，割引キャッシュ・フロー法による企業価値評価，資本コストの概念，エコノミック・プロフィット法による企業価値評価，乗数アプローチによる企業評価

＊上位級は下位級の知識を前提としています。

２．実施方法

	３　級	２　級	１　級
施行形式	年２回の公開試験 10月と３月に実施		年１回の公開試験 ３月に実施
受験資格	学歴・年齢・性別・国籍に制限はありません。		
問題形式	マークシート方式		マークシート方式と論述式
試験時間	２時間		２時間30分
合格基準	100点満点とし，70点以上をもって合格とします。		マークシート方式と論述式各100点，合計200点満点（論述式の得点が50点以上，かつ全体で140点以上）
受験料 （税込み）	4,950円	7,480円	11,550円

級別概要・実施方法は本書出版時のものです。受験料にかかる消費税は，試験施行日の税率が適用されます。

試験に関する最新の情報は，ビジネス会計検定試験のホームページをご確認ください。
URL＝https://www.b-accounting.jp

3．過去の出題分野と合格率

分野	第23回	第24回	第25回	第26回	第27回	第28回
【第1章】企業会計の意義と制度	1	1	1	1	1	0
【第2章】財務諸表	2	2	2	1	1	2
【第3章】貸借対照表	5	5	4	2	4	4
【第4章】損益計算書	4	4	1	4	4	4
【第5章】連結包括利益計算書	1	1	1	1	1	1
【第6章】株主資本等変動計算書	1	1	1	1	1	1
【第7章】連結キャッシュ・フロー計算書	3	2	2	1	2	2
【第8章】附属明細表と注記	1	2	－	1	1	1
【第9章】財務諸表分析	1	－	4	1	2	2
個別問題合計	19	18	16	13	17	17
総合問題（小問数）	2(31)	2(32)	2(34)	2(37)	2(33)	2(33)
問題数合計	50	50	50	50	50	50
合格率（％）	36.3	48.0	48.5	54.3	46.3	51.5

※問題数合計は，個別問題と総合問題内の小問を合計したもの。

※受験者数，他の級の合格率などは，ビジネス会計検定試験ホームページをご覧ください。

　URL＝https://www.b-accounting.jp

ビジネス会計検定試験 検定委員会

(氏名五十音順・2021 年 5 月現在)

〈委　員　長〉　梶浦　昭友　（関西学院大学）

〈委　　　員〉　会田　一雄　（慶應義塾大学）

　　　　　　　　青　　克美　（株式会社東京証券取引所）

　　　　　　　　伊藤　邦雄　（一橋大学）

　　　　　　　　岩下　哲郎　（日立造船株式会社）

　　　　　　　　片桐　真吾　（株式会社ユニオン）

　　　　　　　　近藤　博宣　（大阪商工会議所）

　　　　　　　　柴　　健次　（関西大学）

　　　　　　　　杉田　宗久　（近畿税理士会）

　　　　　　　　杉野　　哲　（大阪ガス株式会社）

　　　　　　　　徳賀　芳弘　（京都先端科学大学）

　　　　　　　　永井　琢也　（コクヨ株式会社）

　　　　　　　　八田　進二　（青山学院大学）

　　　　　　　　藤沼　亜起　（日本公認会計士協会）

　　　　　　　　松本　敏史　（早稲田大学）

　　　　　　　　弥永　真生　（筑波大学）

　　　　　　　　横手　大輔　（大和ハウス工業株式会社）

〈顧　　　問〉　松尾　聿正　（関西大学）

監　修　梶浦　昭友（関西学院大学）

【編　者】

大阪商工会議所

　　1878年設立。商工会議所法に基づいて設立された地域総合経済
　　団体。約3万の会員を擁し，大阪のみならず関西地域全体の発
　　展を図る公共性の高い事業に取り組んでいる。企業の人材育成
　　に資するため，各種検定試験を実施している。
　　　　URL＝http://www.osaka.cci.or.jp/

ビジネス会計検定試験®公式過去問題集2級〔第5版〕

2010年 1 月20日　　第 1 版第 1 刷発行	
2011年12月25日　　第 1 版第11刷発行	
2012年 8 月 1 日　　第 2 版第 1 刷発行	
2014年 8 月30日　　第 2 版第13刷発行	
2015年 7 月 1 日　　第 3 版第 1 刷発行	編　　者　　大阪商工会議所
2018年 2 月25日　　第 3 版第21刷発行	発行者　　山　本　　　継
2018年 9 月15日　　第 4 版第 1 刷発行	発行所　㈱中央経済社
2021年 6 月10日　　第 4 版第22刷発行	発売元　㈱中央経済グループ
2021年 9 月20日　　第 5 版第 1 刷発行	パブリッシング

〒101-0051　東京都千代田区神田神保町1-31-2
電　話　03（3293）3371（編集代表）
　　　　　03（3293）3381（営業代表）
https://www.chuokeizai.co.jp
製　版／三英グラフィック・アーツ㈱

© 大阪商工会議所，2021　　　　印　刷／三　英　印　刷　㈱
Printed in Japan　　　　　　　製　本／㈲井上製本所

※頁の「欠落」や「順序違い」などがありましたらお取り替えいたしますので
　発売元までご送付ください。（送料小社負担）
　　　　　　ISBN978-4-502-39921-3　C2034

JCOPY〈出版者著作権管理機構委託出版物〉本書を無断で複写複製（コピー）する
ことは，著作権法上の例外を除き，禁じられています。本書をコピーされる場合は
事前に出版者著作権管理機構（JCOPY）の許諾を受けてください。
JCOPY〈https://www.jcopy.or.jp　eメール：info@jcopy.or.jp〉